6 7 8 9 0

青木和子　旅の刺しゅう3

コッツウォルズと湖水地方を訪ねて

イギリスの地図 PAGE 94
王冠 PAGE 93
カモメ PAGE 93
ウサギ PAGE 93
ヒツジ PAGE 93

文化出版局

Contents

1
湖水地方へ　04
コテージガーデン
ナデシコ
カンパニュラ
カモミール
インゲン
カウパセリ
ジキタリス
フィーバーフュー
マリーゴールド
セージ
グーズベリー
ガーリック
レタス
チャイブ
ラディッシュ
ビオラ

3
ピーターの好きな野菜とフルーツ　08
ピーターズミックス
レタス
ラディッシュ
ブラックベリー
グーズベリー

4
小さなコテージガーデン　10
ジキタリス
ボーダーガーデン

5
ポターさんの部屋　12
デイジーのバスケット
ピンクッション

7
ニア・ソーリー村のツイッター　16
ツイッター
ウタツグミ
ロビン
ブラックバード

8
アーミット・ライブラリーにて　18
キノコとハチ
キノコのポーチ

9
レーベンスホールガーデンのトピアリー　20
トピアリー

2
物語の中の花　06
ガーデンブーケ
マリーゴールド
カモミール
ジキタリス
ペラルゴニウム

6
お気に入りの絵本から　14
ブルージャケット
ハリネズミのバッグ
ハリネズミ

10
ワーズワースの庭　22
スイセンのブックカバー2種

11
コッツウォルズへ　24
コッツウォルズの丘

12
コッツウォルズの家　26
スノーズヒル
バラの切手
スタントン

13
ファームハウスに泊まる　28
ヒツジとニワトリのキッチンタオル

14
ポピー　30
ポピーのボーダー
ポピーのリース

15
コッツウォルズのラベンダー　32
ミツバチのラベンダーサシェ
ラビットタバコ

17
デイルズフォードでランチ　36
野菜のキッチンポケット

18
アンティークと暮らす　38
アンティークのキッチン道具

19
アンティークを使う　40
アンティークのガラス瓶

20
マーチャント&ミルズ　42
ソーイングケース

お買い物あれこれ　44

野の花のボーダーと動物たち PAGE 80

16
フォックス・コテージ・
アンティークス　34
キツネ
アンティークのクリーマー
アンティークのカップ
アンティークのポット

ロンドンの手芸ショップ　46
The Cloth Shop クロス・ショップ
Cloth House クロス・ハウス
RAY STITCH レイ・ステッチ

おすすめの B & B　47
Beechmount Country House
ビーチマウント・カントリー・ハウス

湖水地方へ

ピーターラビットの作者、
ビアトリクス・ポターさんが買い取った
ヒルトップ農場に作った庭は
コテージガーデン。
昔ながらの花々と野菜、
果樹が植え込まれた、
おいしくて季節の花も楽しめる庭です。

コテージガーデン PAGE52
ナデシコ
カンパニュラ
カモミール
インゲン
カウパセリ
ジキタリス
フィーバーフュー
マリーゴールド
セージ
グーズベリー
ガーリック
レタス
チャイブ
ラディッシュ
ビオラ

物語の中の花

世界中で愛されているウサギ、ピーターラビット。
その絵本の絵はビアトリクス・ポターさんのスケッチがもとになっています。さらっと描いているようで、品種までわかる花もあり、隅々まで目を凝らしてしまいます。
『アヒルのジマイマのおはなし』に登場するジキタリスは、絵本そのままの姿でここそこに咲いていました。
華やかな花束は『パイがふたつあったお話』の中で、犬のダッチェスが抱えていたもの。絵のモデルになったバックル・イート（村にあるティールーム）の前庭の花のイメージです。

ガーデンブーケ PAGE 56

マリーゴールド PAGE 54
ジキタリス PAGE 54

カモミール PAGE 55
ペラルゴニウム PAGE 55

3

ピーターの好きな野菜とフルーツ

ウィンダミア湖の近くのボウネスには、絵本の世界を具体的に紹介している「THE WORLD OF BEATRIX POTTER ATTRACTION」があります。見どころの一つは、著名なガーデナーが再現したピーターラビットの庭。当時作られていた野菜の品種を集め、ハーブや果樹を植え、ピーターの好きなものばかりで作られています。

ピーターズミックス PAGE 57

レタス PAGE 58
ブラックベリー PAGE 59

ラディッシュ PAGE 58
グーズベリー PAGE 59

小さなコテージガーデン

ナショナル・トラストに管理されているヒルトップ農場は、ポターさんの暮らしていた当時のままに、今も引き継がれています。庭作りを始めた頃のポターさんは、村に出かける時には必ずバスケットを持ち、挿し木用の枝を入手していたそうです。気に入った植物を少しずつ集めるのは、庭作りの楽しみでもあります。村の中心の道からヒルトップ農場へは、白い木の門を通って幅の狭い石畳を登っていきます。両脇のボーダーガーデンは宿根草を中心として、春から秋にかけていつも花が咲くように考えて植栽されていました。野菜も混ざっているのに、とても自然な感じ。

私が訪れた６月の終わりに咲いていた花を、小さなボーダーガーデンにしてみました。

野生のジキタリスは園芸種よりコンパクトで、庭に咲いていたり、森の縁に群生していたり、６月の湖水地方ではとてもポピュラーな花です。

ジキタリス、ボーダーガーデン PAGE 60

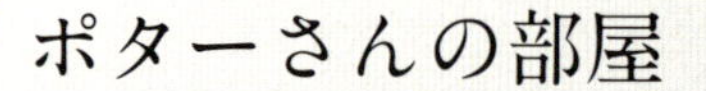

5 ポターさんの部屋

ポターさんが暮らしていたヒルトップ農場を訪れて印象に残ったのは、決まった仕事部屋がなく、数か所に絵を描く机があったこと。光の具合で場所を変えていたのでしょうか。
それと、ポターさんの寝室の壁紙。アーツ＆クラフツ運動の頃にウィリアム・モリスがデザインしたデイジー柄です。最近のプリントですが、デイジー柄の生地を使って刺しゅうをしたことがあるので、ぱっと目にとまりました。
小さめのベッドの４本の柱に、ぐるりと巡らされた天蓋のカーテンにも注目。緑色のダマスク織の織柄を利用して刺しゅうがされていました。ポターさんは、外に出かけられない時などに、刺しゅうをしていたそうです。
ベッドにはパッチワークのスプレッドがかかり、フックドラグの敷物もあり、当時の手づくりの暮らしぶりを感じさせる部屋でした。

写真２点とも
©National Trust Images/Geoffrey Frosh

デイジーのバスケット PAGE 62
ピンクッション PAGE 63

お気に入りの絵本から

子供たちに読んであげていた本の中で、『パイがふたつあったおはなし』を娘からよくリクエストされました。ネコのリビーが、イヌのダッチェスをお茶にお招きした時のお話です。リビーの焼くネズミ入りのパイを苦手と感じたダッチェスが、同じパイ皿で別のパイを作り、ネコのリビーのオーブンに入れておくことで起こるいろいろな出来事。
小さな絵本にしては長いお話で、読んでいる私が先に眠くなり、時々端折ってお話を早く終わらせたこともありました。今でもこの本を見ると、心がちくりと痛みます。
このシリーズの中で、印象的な一冊は『ティギーおばさんのおはなし』。ハリネズミが主人公というのもあるのでしょうが、お話自体が白昼夢的で不思議なのです。
ポターさんがハリネズミを見ながら、話をどんどん膨らませていく感じが好きなのかも知れません。

ブルージャケット PAGE 92

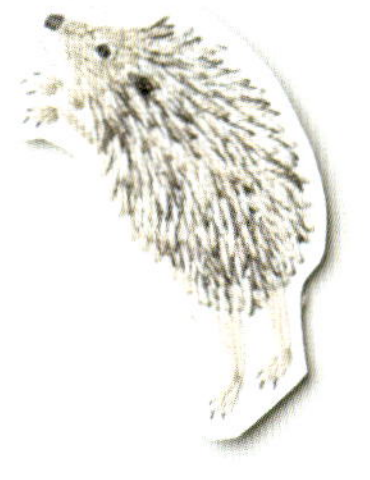

ハリネズミのバッグ PAGE 61

ハリネズミ PAGE 92

ニア・ソーリー村のツイッター

夜明けとともに、鳥のさえずりと羊の鳴き声が聞こえてくるニア・ソーリー村に目覚まし時計はいりません。賑やかな鳥たちは昼間も村中を飛び回っています。ウタツグミはその名のとおりさえずりが歌のようで、聞き惚れてしまいます。
ブラックバードにノハラツグミなど、同じ属の鳥たちは集まってえさを分け合うこともあるのだとか。
鳴き合う鳥たちに囲まれていると、これが本当のツイッターね……と思いました。

ツイッター PAGE 64

ウタツグミ PAGE 64

ブラックバード PAGE 66

ロビン PAGE 64

アーミット・ライブラリーにて

ビアトリクス・ポターさんは、絵本を始めとして数多くの水彩画を残したことが知られています。中でも、キノコの水彩画は、数多く描かれています。ウィンダミア湖北岸のアンブルサイドにあるアーミット・ライブラリーにキノコの水彩画が寄贈されているのを知り、特別に見せていただくことができました。
湖水地方のキノコはもちろん、各地から取り寄せて克明にスケッチされたキノコは正確で繊細、今でも美しい色彩がそのままで、ポターさんの集中力と情熱を間近に見る思いがしました。
密かに見たいと期待をしていたベニテングダケのスケッチは、V&A 博物館に所蔵されているとのことでした。

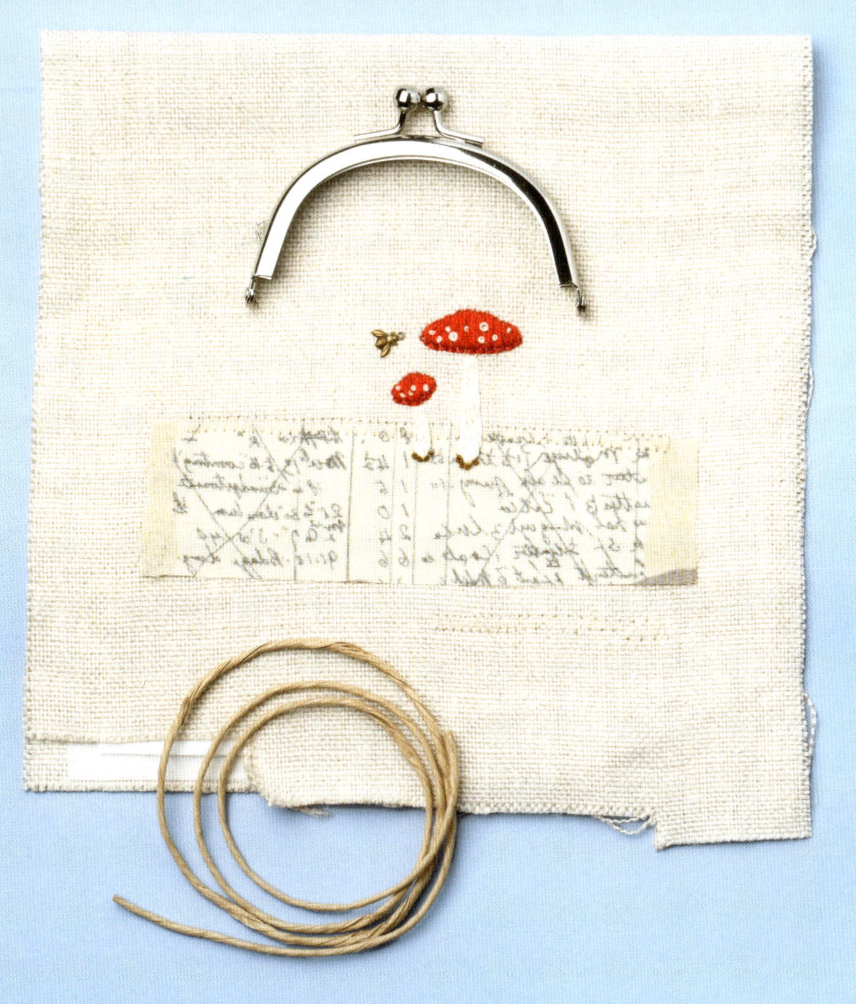

キノコとハチ PAGE 68

キノコのポーチ PAGE 69

レーベンスホールガーデンのトピアリー

湖水地方の名園の一つレーベンスホールガーデンのトピアリーは、300年前から作り始められ、歴代のガーデナーたちがその姿を保っています。トピアリーというと円錐形やスパイラル形を思い浮かべますが、ここのトピアリーは一つ一つが違った形で、しかも大きい。アヒルやライオンなど、まるで緑の彫刻のよう。10メートル近い「グレイト・アンブレラ」の前に立つと圧倒されます。

ヘッドガーデナーのクリスさんは10代目、庭園の中にあるガーデナーの家に住み、常に庭に目を配っています。

トピアリーが有名ですが、色でまとめたボーダーガーデン、メドウガーデン、柳の木の迷路、キッチンガーデンなど手入れの行き届いた美しい庭園でした。

トピアリー PAGE 67

ワーズワースの庭

カントリーサイドの移動は車が便利です。グラスミア巡りの際、ジンジャーブレッドショップに行くのに、何故ワーズワースを訪ねないのかと、ドライバーのガイさんに不思議がられました。ガイさんは詩人でもあり、ワーズワースが37年間過ごしたライダルマウントが一番のおすすめの場所だそうです。今も家族が住み続けている邸宅は、さりげなく庭の花が飾られていて、美しい毎日がずっと続いているかのようでした。
ワーズワースによって設計された広大な庭園には、湖水地方で最も小さい湖があり、多種の樹木と草花の組合せ、邸宅を見るための庭など、晩年彼が庭仕事に没頭していたのも頷けます。

スイセンのブックカバー2種 PAGE 70

コッツウォルズへ

ロンドンから車で2時間程のコッツウォルズは、
小さい村が点々とする緑豊かな田園地帯です。
なだらかな丘陵に牧草地が広がり、
人より多いと言われる羊たちが、のどかに草を食んでいます。
牧草のグリーン、雲の浮かんだ空のブルー、
そして羊のエクリュがコッツウォルズの自然の基本色。

コッツウォルズの家

はちみつ色の家が並ぶ村々。すべての家が同じ色ではなく、微妙な色の幅があります。屋根もスレート（天然の平べったい石）であったり、茅葺きになっていたりします。
ドアは住む人が塗り替えるらしく、ドアまわりにその家の好みがうかがえます。それぞれ違っていながら、全体に馴染んでいるのは、その土地の素材で建てられた家だからです。
ところが、同じ素材なのに違和感を感じたのは、すべてがコッツウォルズらしく建てられた新しい家。その土地のはちみつ色の石を使っているのに、何かが違うのです。それはエイジング。自然の風化もありますが、家が住み継がれる際の、細部に宿る人との関わりの気配。ちょっとしたごたごた感のようなもの。新しい家にはそれがありません。あと、50年から100年くらいすると、きっと馴染んでくるのでしょうね。

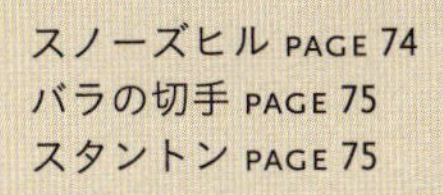
スノーズヒル PAGE 74
バラの切手 PAGE 75
スタントン PAGE 75

ファームハウスに泊まる

農場の一角にある家や納屋などに手を入れ、滞在できるようになっている、ベッドと朝食を提供するB&Bのスタイル。初めて泊まったファームハウスは、とても古い建物で床が傾いていました。

外を見ると道以外は360度すべて農場で、聞こえるのは羊の鳴き声だけ。朝は鶏の声で目覚めました。散歩のあとの朝食には、さっき鶏小屋にいたメンドリの卵を使った目玉焼き。日本とは品種が違うのか、今まで食べたことのないこくのある卵の味で、農場やこの近くで取れた新鮮な食材を使うオーナーの方のこだわりを感じました。

村から遠く離れているにもかかわらずファームハウスは満員で、素朴なもてなしを受けたあとの旅行者たちは、車で次の目的地に向かってそれぞれ出発して行きました。

ヒツジとニワトリのキッチンタオル PAGE 76

ポピー

村と村をつなぐ道を走っていると、突然ぱっと赤い絨毯のような広がりを目にすることがあります。それは、小麦畑のポピーの花。
小麦畑に咲く花にコーンをつけて、コーンポピーとかコーンフラワー（矢車菊）と呼びます。コーンはトウモロコシだけではなく、小麦の穂もコーンです。
昔、戦争で命を落した農家の男たちが葬られた場所に、ポピーが一面に咲き出した話があります。彼らの服のポケットには、小麦の実とともにポピーの種も混ざっていたから。
どちらかというと、悲しいエピソードで語られることが多いのですが、一面のポピーを見ると、遠くから近くへの緑色と混ざった赤のグラデーションに目を奪われます。

ポピーのボーダー PAGE 80

ポピーのリース PAGE 78

コッツウォルズのラベンダー

何年か前に娘とコッツウォルズを訪れた時、スノーズヒル近くの丘でラベンダーを見かけました。その時の小さなラベンダー畑が、今ではコッツウォルズ・ラベンダーとしてブランド化されるほど大規模に広がり、回りの丘もラベンダー色に。
ピーターラビットのお話の中で、未亡人となったラビットママが「うさぎタバコ」としてラベンダーをお店で商っていた事を思い出し、ラベンダー畑でウサギがせっせとラベンダーを束ねている様子が目に浮かびました。ラビットママに、こんなサシェもおすすめしたい。

ミツバチのラベンダーサシェ PAGE 77

ラビットタバコ PAGE 77

16

フォックス・コテージ・アンティークス

コッツウォルズ丘陵の中心で最も高い場所にあるのが、ストウ・オン・ザ・ウォルド。「丘の上の町」とも呼ばれて、古くから栄え、アンティークのお店が多く集まっています。中でも、フォックス・コテージ・アンティークスは、セレクトやディスプレイが洗練されていて、一つ一つ見ているだけでセンスが良くなりそう。
見るだけでなく、買えるのでつい熱心に見てしまい、自宅で使う食器は白の無地とブルーの染め付けと決めているのにもかかわらず、アンティークのカップも良いかなと心が動きそうになります。カップはあきらめましたが、領収書がダンディーな老紳士の手書きとわかり、思わずオークの柄の小さなシャベルを購入。これは、庭仕事で使うものだからと言い訳をしながら。

52067

FOX COTTAGE
•ANTIQUES•

STREET • STOW ON THE WOLD • GLOUCESTERSHIRE • GL54 1BN
TELEPHONE: 01451 870307

T.NEWMAN Date 18/6/2

SRTI 110
WOOD AND METAL
TROWEL 10

PAID CASH

Total £10.00

キツネ PAGE 92

アンティークのクリーマー PAGE 83
アンティークのカップ PAGE 83
アンティークのポット PAGE 82

デイルズフォードでランチ

25年以上も前からオーガニック農法で食材を作り続けているデイルズフォードは、コッツウォルズにあります。安全でおいしい食材を求めてロンドンから買いにくる人も多く、そういえばここだけ都会の雰囲気がします。
ランチでいただいた食材もとびきり新鮮で、お豆とチーズのリゾットには、摘みたてのお豆の枝（先端の柔らかく少しカーブしている部分）が、ふわっと乗せてあり、緑が鮮やかでまるで絵のようでした。
以前ノッティングヒルにあるデイルズフォードでも、直送されたオーガニックの野菜が木の手押し車にみずみずしくディスプレイされているのを見た事があります。東京の青山にもカフェがあり、そこのおすすめはコテージパイでした。コッツウォルズの味がここまで届けられているのですね。

野菜のキッチンポケット PAGE 84

アンティークと暮らす

「ガイドブックに載っていなくても、素敵な小さな村がたくさんあるのよ。」と、コッツウォルズを案内して下さったひとみさん。300年前に建てられた家をリフォームし、アンティークに囲まれて暮らしています。アンティークのコレクターでもありますが、飾るためだけではなく、家にぴったりのアンティークを選び、毎日の暮らしの中で使っています。
「アンティークのほうが、ものが良いんだよ。人の手できちんと作ってあるし。」趣味性よりも、ものの本質的な良さを話して下さったパートナーのマーティンさん。家の中心にある工房のようなキッチンも、アガーという昔ながらの大型コンロのあるアンティークなスタイルで、圧倒的な存在感でした。
その日のお料理はフレンチだったので、フレンチアンティークのジャグ、プレート、レードル、グラスにカトラリーを揃えて、器に盛り込んでいました。アンティークが好きで、語るのはもっと好きなマーティンさん。夕食は、夜遅くなってもデザートまでたどりつきませんでしたが、機能性とは対局にある豊かさが何よりの御馳走でした。

アンティークのキッチン道具 PAGE 86

アンティークを使う

今までイギリスに滞在していても、アンティークに興味を持つことがありませんでした。ある時、昔作られたオークの木づちを入手して、刺しゅうの仕上げのピン打ちに使うようになってから、その使いやすさと馴染みの良さに手放せなくなりました。それから花器を中心に、使えるアンティークを少しずつ集めるようになりました。
庭の花、その中でもクラシカルなフリルのあるパンジーはアンティークの錫のカップに入れると、絵のようにぴたりと納まります。1本の素朴な花でも、昔の薬瓶に入れるとそれはそれで様になり、遅まきながらアンティークの良さに目覚めました。
使い込まれたイギリスの昔の器が、今の暮らしに程よく馴染むようです。

アンティークのガラス瓶 PAGE 88

マーチャント＆ミルズ

イギリスのカントリーサイドのライフスタイル誌『Country Living』で７年前にあるページに目がとまりました。クラシックでスタイリッシュな針仕事の道具や型紙、布等を扱うマーチャント＆ミルズの記事でした。すぐに、ドレスの型紙の注文をすると、当時ヘイ・オン・ワイにあったお店から、私のサイズにカットされた型紙が紙筒に入って届きました。
今は、イギリス南部のライに移りロンドンから電車で行けるようになり、ようやく訪れることができました。倉庫を改装したお店には麻やウールが積み上げられ、小物にいたるまで、飾り気のない上質感で統一されていました。
キャロライン･デンハムさんの提案するソーイングの道具には、Tool for living と書かれています。その道具類を入れるケースを作ってみることにしました。

MERCHANT & MILLS
マーチャント・アンド・ミルズ
http://merchantandmills.com/
14A Tower Street, Rye, East Sussex TN31 7AT
Tel. 017 9722 7789
Rye（ライ）駅下車、徒歩約６分

ソーイングケース PAGE 90

お買い物あれこれ

いつものことながら、お買い物は毎日使うものを見つけて買ってきます。
旅の思い出にと買い求めるものは少なく、旅に出る度に、バスケットが一つ、はさみが一つと増えていきます。
以前のイギリスの旅で求めたグリーンのティーポットは、家族4人で紅茶を飲むための大きめのサイズ。子供2人が独立した今は、小さめのサイズで十分。今回はブラウンにしたのですが、陶器のポットで気になるのは注ぎ口。裏漏れすると、気持ち良く使えません。ジェスチャーで確かめると、「Pouring test !」と言って、バックヤードで実際に試してくれました。
コッツウォルズのストウ・オン・ザ・ウォルドのキッチンショップでの出来事。

左上の布はクロス・ショップとマーチャント＆ミルズで購入。この本の刺しゅうに使っています。真鍮のジャグはアーツ＆クラフツ運動の頃のもの。ブラウンのポットの下の白い鋳物の鍋敷きはロバート・ウェルチ。重宝しています。
ブラウンの蓋付きのホーローは、昔のフランスのランチボックス。ポタージュを入れていたそうですが、花器に使う予定。
イギリスにはオーク材で出来た道具類が多く、使う程に馴染んだいい感じになっていきます。（木づち、シャベル、左ページのワイン用コルク栓、キノコ型の靴下補修用道具）

ロンドンの手芸ショップ

The Cloth Shop アンティークマーケットの開かれるポートベローロードをずっと歩いて行くと、右側にありました。豊富なリネン類、テープ、リボン等の小物に加えセレクトされたアンティークの小物もあり、こんな生地屋さんが近くにあったら毎日行ってしまいそうです。多色に色出しされた麻の中からグリーンとブルーを買い、この本の作品でも使っています。

ハリネズミのバッグ（P.15）、コッツウォルズの丘（P.24）、数字の旗（P.14,18）

The Cloth Shop クロス・ショップ
http://www.theclothshop.net
290 Portobello Road, London W10 5TE
Tel. 020 8968 6001
Ladbroke Grove（ラドブローク グローブ）駅下車、徒歩約2分。

Cloth House 天然素材の布とアンティークの小物が置いてあります。布は用途に合わせて多種揃っています。入り口すぐのところに、アンティークの靴の木型が山積みになっていて不思議に思いましたが、すぐに重しに使うことに気がつきました。金属の部分が多くて重いのです。ロンドンの生地屋さんは、アンティークと良く合います。

Cloth House クロス・ハウス
https://www.clothhouse.com
47 Berwick Street,London W1F 8SJ
Tel. 020 7437 5155
Oxford Circus（オックスフォード サーカス）駅下車、徒歩約6分。

RAY STITCH エンジェル駅からカムデン・パッセージをのぞいた後、歩いて行きました。刺しゅう関係も少しありましたが、ソーイングに関する布や用具が揃っていました。ボタンは多種。日本のソーイングの本が並んでいて、見知らぬ土地で友達に会った感じがしました。カムデン・パッセージ（アンティークマーケット）には、珍しい毛糸がたくさん揃っているお店もあり、こちらもおすすめです。

RAY STITCH レイ・ステッチ
http://www.raystitch.co.uk
99 Essex Road, London N1 2SJ
Tel. 020 7704 1060
Angel（エンジェル）駅下車、徒歩約8分。

おすすめのＢ＆Ｂ

Beechmount Country House ポターさんが住んでいたヒルトップ農場から歩いて５分くらいの、アーツ＆クラフツ系のB&B。部屋は三つしかありませんが、それぞれの部屋やラウンジルーム、ダイニングルームはゆったりとして快適でした。同じテイストのアンティークの家具が使われ、窓からコニストン湖を眺めながらお茶もいただけます。100年以上も前にデザインされた広い立体的な庭があり、バラが見事に咲いていました。東屋に咲いていたのは、"フェリシア"。

Beechmount Country House
ビーチマウント・カントリー・ハウス
http://beechmountcountryhouse.co.uk
Near Sawrey Hawkshead Ambleside
Cumbria LA22 0JZ
Tel. 015394 36356

ニア・ソーリー村はこぢんまりしていますから、歩いて一巡りできるくらいです。パブとティールームはありますが、お店はありません。毎朝散歩をしていると、高校生が何人かでタクシーに乗り合い登校する様子や、食料品のデリバリーのトラックがB&Bに配達に来ているのを見かけます。もちろん犬の散歩に出会ったら挨拶をします。暖炉用の薪をガレージの前で売っていた家もありました。
ここは、世界中に知られている観光地ではありますが、村としての普通の暮らしが続いていて、それはこれからも変わらないのでしょう。

Ｂ＆Ｂ：ベッド・アンド・ブレックファスト。宿泊と朝食つきのお宿のこと。

ずっと心待ちにしていた物語の舞台を訪れるのは、さぞかし感動するのではと期待をしていました。

ニア・ソーリー村のバックル・イート・ティールームの華やかな前庭に立った時「あ、ここね。」と思ったものの、それは確認の気持ち。ところが、家に戻りいつもの日常の中で絵本を開いてみると、そこに描かれた絵の中から懐かしさや村の空気感が伝わってきて、しばらく目が離せませんでした。実際にその場所に行って、空気を吸い込んで歩いてみることで、物語の世界を作者のポターさんと、ほんの少しだけでも共有できた喜びを感じたからなのでしょう。

数字の旗 PAGE 93

刺しゅうをするときに

◎糸のこと

この本では、ディー・エム・シー(DMC)の刺しゅう糸を使用しています(麻刺しゅう糸以外)。糸の色は材料と図案に番号で示してあります。5番刺しゅう糸はそのまま1本どりで刺しゅうします。25番刺しゅう糸は細い糸6本でゆるくよられているので、使用する長さ(50～60cmが最も使いやすい)にカットした後で1本ずつ引き抜き、指定の本数を合わせて使います(この本では指定がない場合は3本どり)。図案で5番と指定のある場合は5番刺しゅう糸を使用します。それ以外は25番です。2色以上の糸を合わせて針に通して刺しゅうすることを、「引きそろえ」と言います。色が混ざり合って深みが増し、効果的です。

糸のロット、撮影の状況や印刷により、実際の作品の色と多少異なる場合があります。

また、お手持ちの刺しゅう糸を使う場合は、写真を参考に合わせてお使いください。

◎針のこと

刺しゅう糸と針の関係はとても大切。糸の太さに合わせて、針を選んでください。

針先のとがったものを使用します。

5番刺しゅう糸1本どり…………フランス刺しゅう針No.3～4
25番刺しゅう糸6本どり………フランス刺しゅう針No.3
25番刺しゅう糸4本どり………フランス刺しゅう針No.5
25番刺しゅう糸2～3本どり…フランス刺しゅう針No.7
25番刺しゅう糸1本どり………フランス刺しゅう針No.9
または細めの縫い針

◎図案のこと

図案は、実物大(一部、縮小したもの)を掲載しています。拡大して使用する指示がある場合はそのサイズにし、トレーシングペーパーに写し取ります。さらに、布地の表面にチョークペーパー(グレーがおすすめ)と図案を描いたトレーシングペーパーを重ねて、布地に写します。または、ピーシングペーパーに図案を写し取り、布地にアイロン接着する方法もあります。ざっくりした麻布は図案が写しにくいので、ピーシングペーパーのほうが向いています。

◎布地のこと

作品の多くには、麻100%、麻50%と綿50%程度の混紡、綿100%を使っています。刺しゅうをするベースの布地の裏面には必ず片面接着芯(中厚手程度)をはります。布の伸びがなくなり、裏に渡った刺しゅう糸が表側に響かず、仕上りが格段によくなります。ただし、クロス類に仕立てるものにははらない場合もあります。

本の中には、ポストカードサイズやワッペンのようにカットした作品もありますが、刺しゅうをするときには布地は枠に合わせたサイズを用意します。また、パネルや額に入れる場合は、材料の使用量を参考に、図案のまわりに余白を10cm以上つけておきます。

透けない布でアップリケするときは、裏面に両面接着芯をはり、図案どおりにカットして、土台布にアイロンで接着してから、刺しゅうをします。チュールやオーガンジーは、透明糸を使ってなるべく目立たないようにとめつけます。

◎枠のこと

刺しゅうをするときは、布地を枠に張るときれいに仕上がります。小さいものは丸枠、大きなものはサイズに合わせて、文化刺しゅう用の四角の枠を使います。

◎仕立てのこと

刺しゅうが終わったら、枠に張ったまま霧を吹いて乾かすか、裏からスチームアイロンで軽く整えて、好みのサイズにカットします。

パネルに仕立てる場合は、仕上りサイズ(刺しゅうのまわりに余白分をプラスしたサイズ)の厚さ1mm程度のイラストボードや厚紙などのパネルを用意します。刺しゅうした布地は仕上りサイズに折り代分を5cmくらいつけて余分をカットし、パネルをくるみ、製本テープではってとめます。布地が重なって角が厚くなる場合は、内側に折り込まれる分の折り代をカットします。

ワッペンのように裁切りの作品は、粗裁ちをして刺しゅうの周囲に速乾性接着剤を薄く塗っておくとほつれる心配がありません。乾いてから図案どおりにカットします。

刺しゅうのステッチ

図案の中では、ステッチを「S」と省略しています。

ランニングステッチ

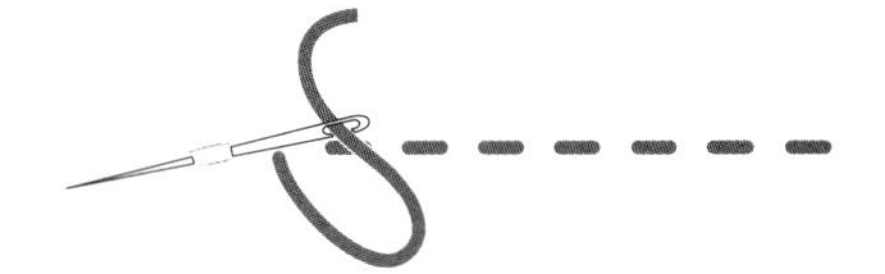

バックステッチ

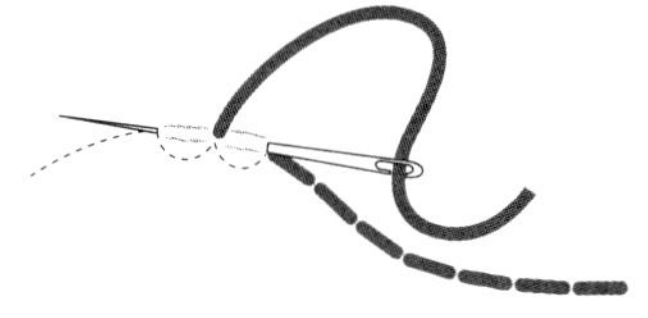

アウトラインステッチ

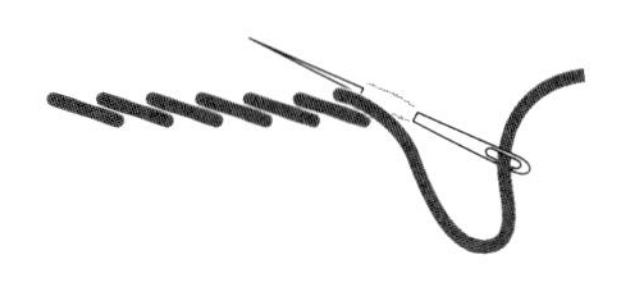

コーチングステッチ

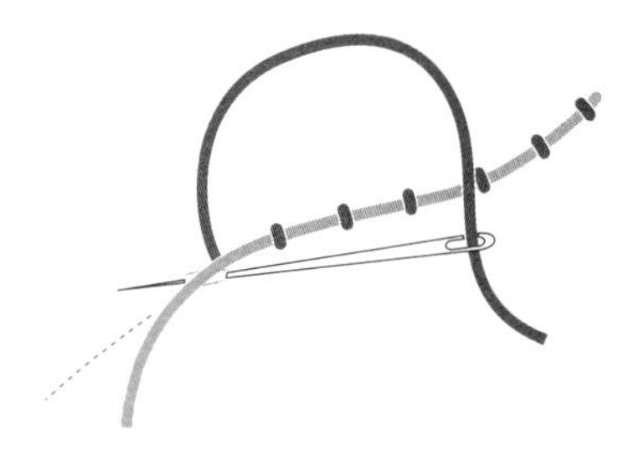

スプリットステッチ

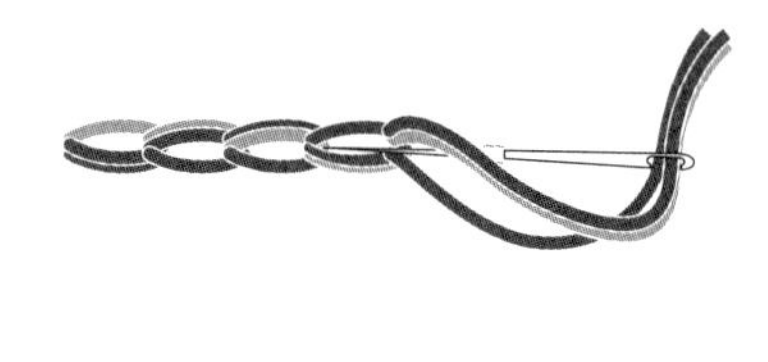

フレンチナッツステッチ（2回巻きの場合）

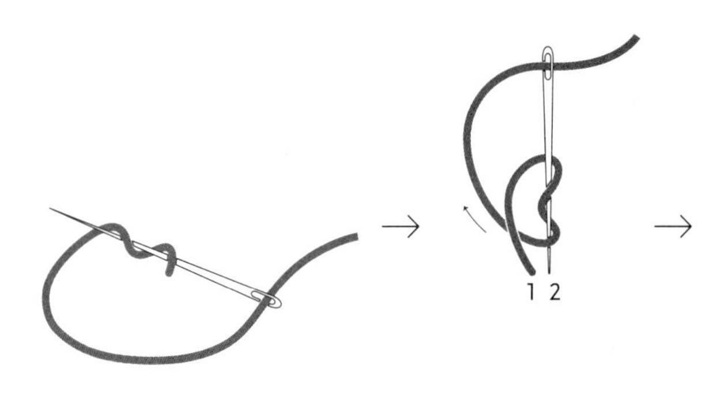

サテンステッチ

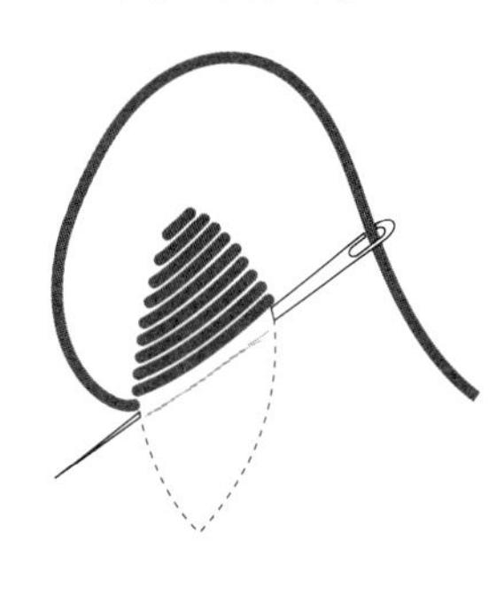

ストレートステッチ

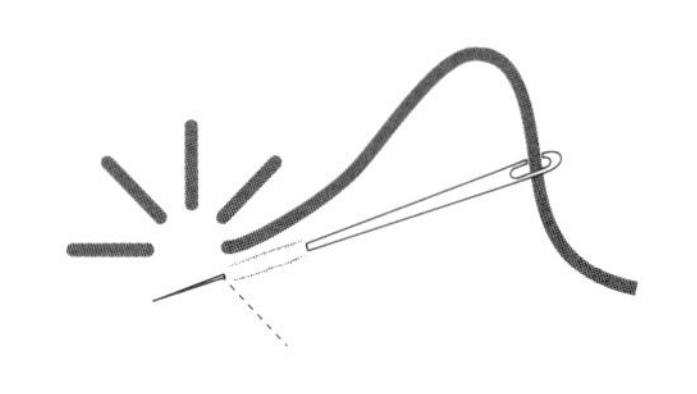

レゼーデージーテッチ

フライテッチ

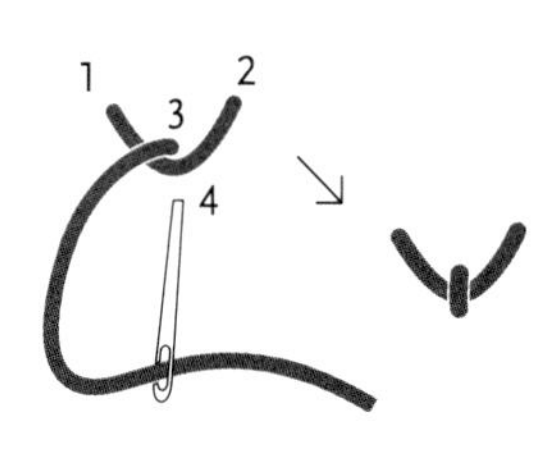

ウィービングステッチ

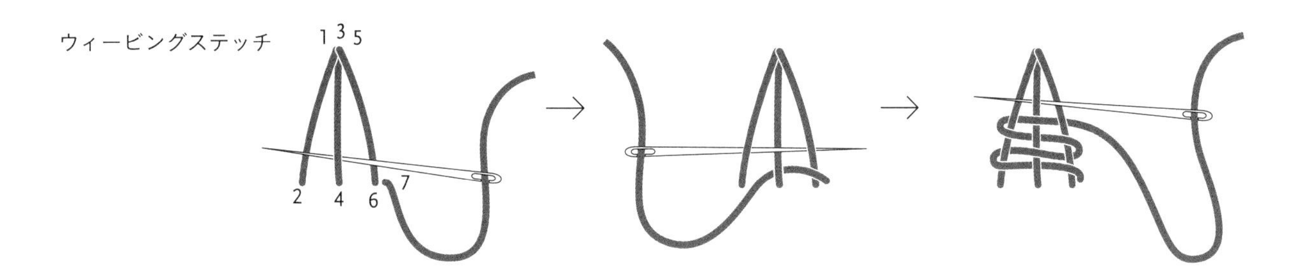

スパイダーウェブステッチ（5本足の場合）

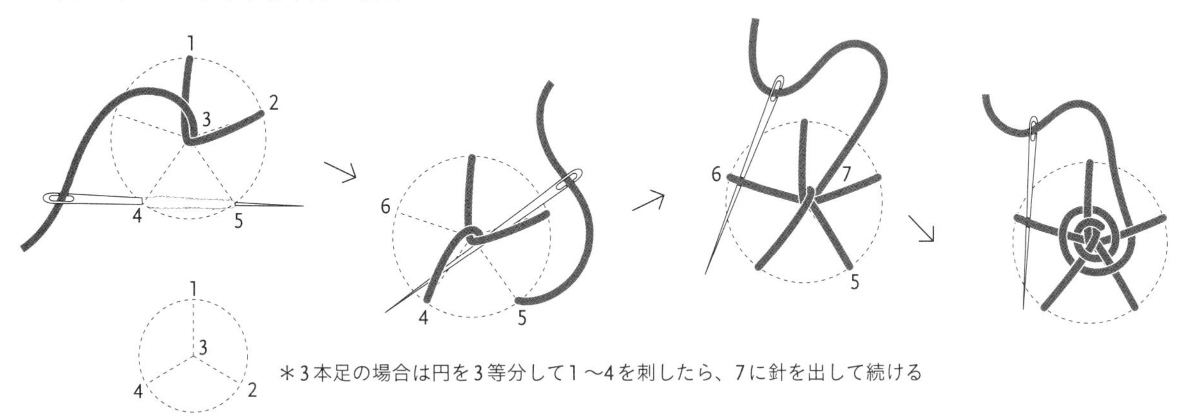

＊3本足の場合は円を3等分して1～4を刺したら、7に針を出して続ける

ブランケットステッチ

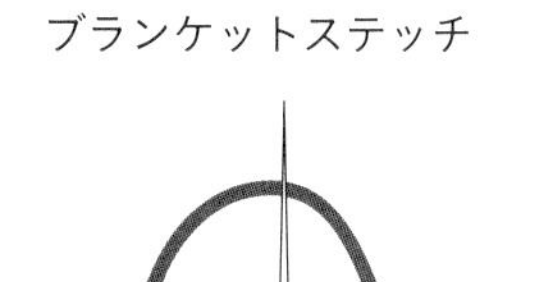

チェーンステッチ

ブリオンステッチ

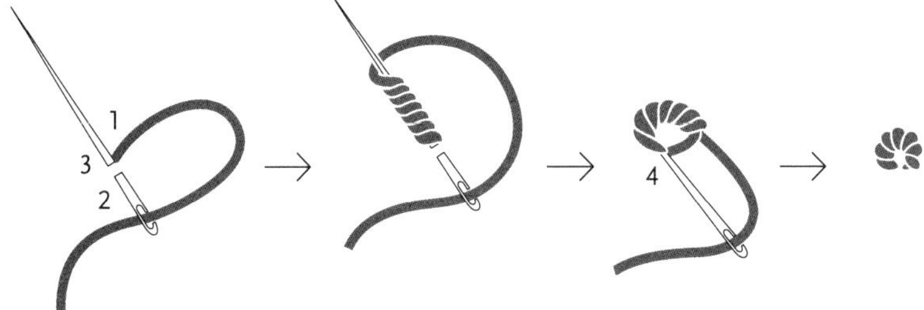

コテージガーデン

PAGE 4,52

⋆材料

DMC刺しゅう糸
5番＝989、368、471、841
25番＝989、368、3347、320、
471、472（以上グリーン系）、
3821、977、921、3733、
3608、3689、3778、841、
3790、3828、156、340、
169、822、642、645、
3799
AFE麻刺しゅう糸＝L910
透明糸
布地　リネン（白）55×70cm
ポリエステルチュール
（グリーンむら染め）　適量
接着芯　55×70cm
パネル　34×46×cm

1 コテージガーデン

PAGE 4,51

★仕上りサイズ　約34×46cm
★図案　125％に拡大して使用
★材料はp.51

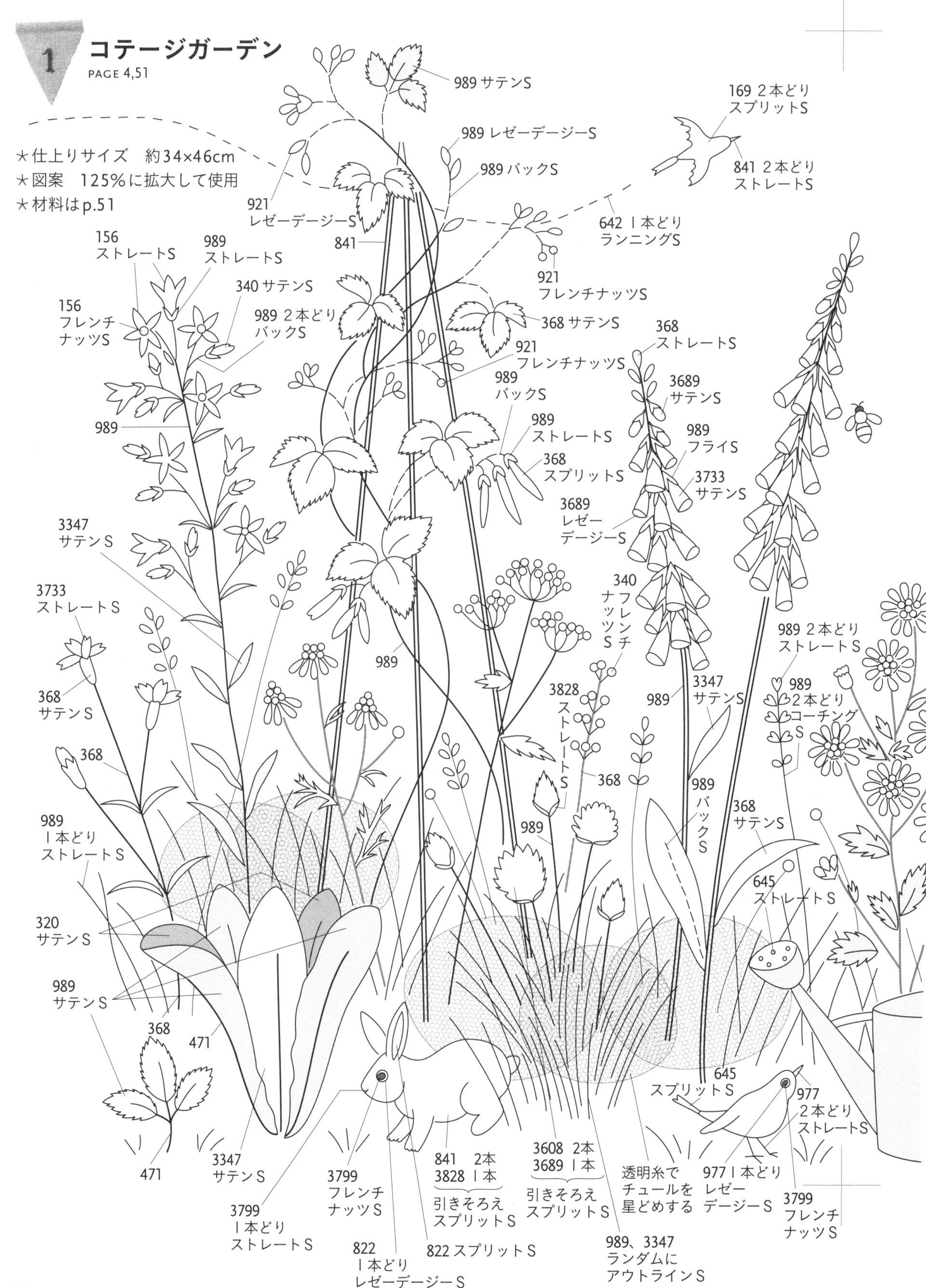

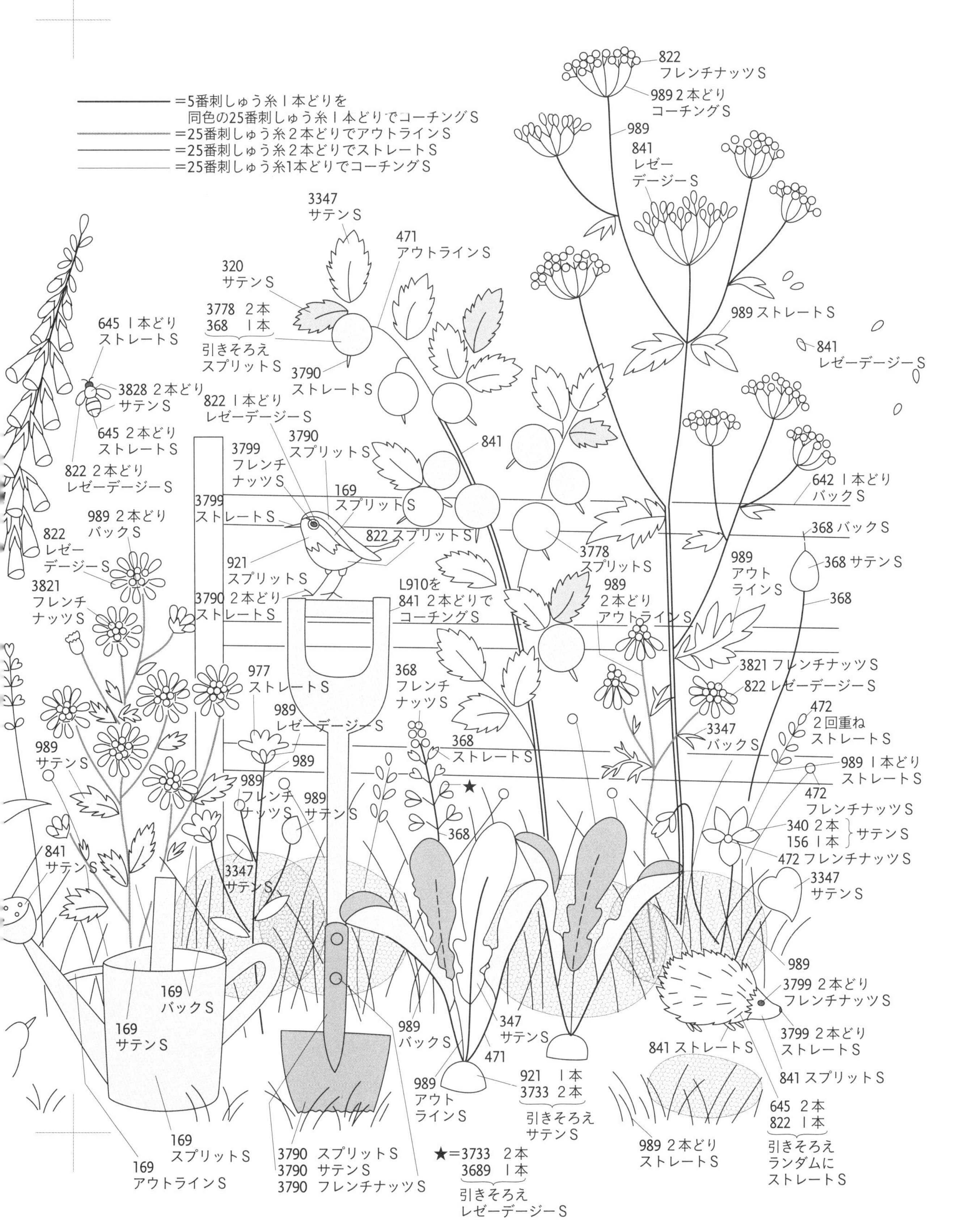

＝5番刺しゅう糸１本どりを
同色の25番刺しゅう糸１本どりでコーチングS
＝25番刺しゅう糸２本どりでアウトラインS
＝25番刺しゅう糸２本どりでストレートS
＝25番刺しゅう糸1本どりでコーチングS
822
フレンチナッツS
989 2本どり
コーチングS
989
841
レゼー
デージーS
3347
サテンS
471
アウトラインS
320
サテンS
3778 2本
368 1本
引きそろえ
スプリットS
3790
ストレートS
989 ストレートS
841
レゼーデージーS
645 1本どり
ストレートS
3828 2本どり
サテンS
645 2本どり
ストレートS
822 2本どり
レゼーデージーS
822 1本どり
レゼーデージーS
3790
スプリットS
3799
フレンチ
ナッツS
841
169
スプリットS
3799
ストレートS
822 スプリットS
642 1本どり
バックS
368 バックS
368 サテンS
368
989 2本どり
バックS
822
レゼー
デージーS
3821
フレンチ
ナッツS
921
スプリットS
3790 2本どり
ストレートS
L910を
841 2本どりで
コーチングS
3778
スプリットS
989
2本どり
アウトラインS
989
アウト
ラインS
3821 フレンチナッツS
822 レゼーデージーS
977
ストレートS
368
フレンチ
ナッツS
989
レゼーデージーS
368
ストレートS
472
2回重ね
ストレートS
3347
バックS
989 1本どり
ストレートS
472
フレンチナッツS
989
サテンS
989
989
フレンチ
ナッツS
989
サテンS
★
368
340 2本
156 1本
サテンS
472 フレンチナッツS
841
サテンS
3347
サテンS
3347
サテンS
989
3799 2本どり
フレンチナッツS
169
バックS
169
サテンS
989
バックS
347
サテンS
471
3799 2本どり
ストレートS
841 ストレートS
841 スプリットS
989
アウト
ラインS
921 1本
3733 2本
引きそろえ
サテンS
645 2本
822 1本
引きそろえ
ランダムに
ストレートS
169
スプリットS
169
アウトラインS
3790 スプリットS
3790 サテンS
3790 フレンチナッツS
★＝3733 2本
3689 1本
引きそろえ
レゼーデージーS
989 2本どり
ストレートS

マリーゴールド

PAGE 7 左上

★仕上りサイズ　21×15cm

★図案　125%に拡大して使用

★材料

DMC刺しゅう糸

5番＝989

25番＝989、3347（以上グリーン系）、
　　3853、972、646

布地　リネン（白）45×35cm

接着芯　45×35cm

パネル　21×15cm

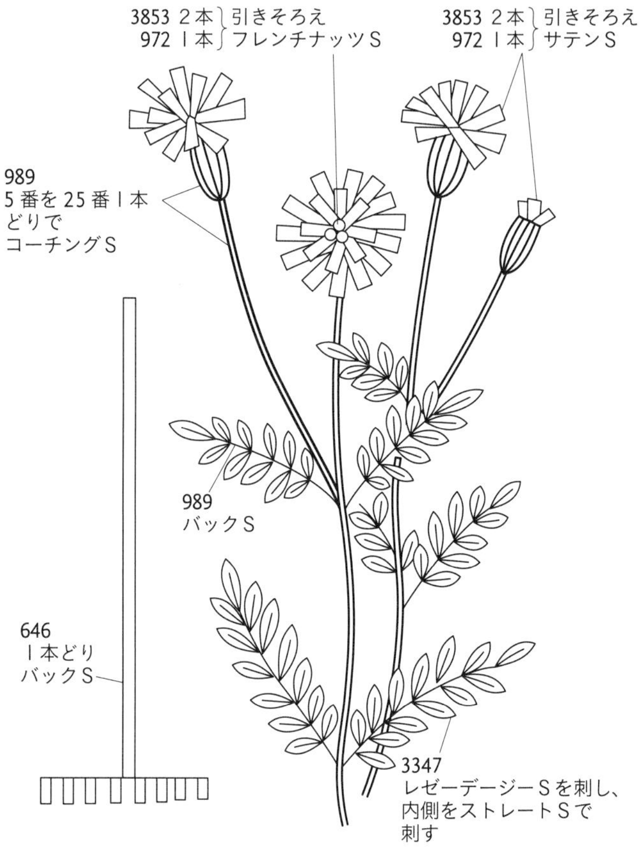

Marigold

646 2本どり
コーチングS

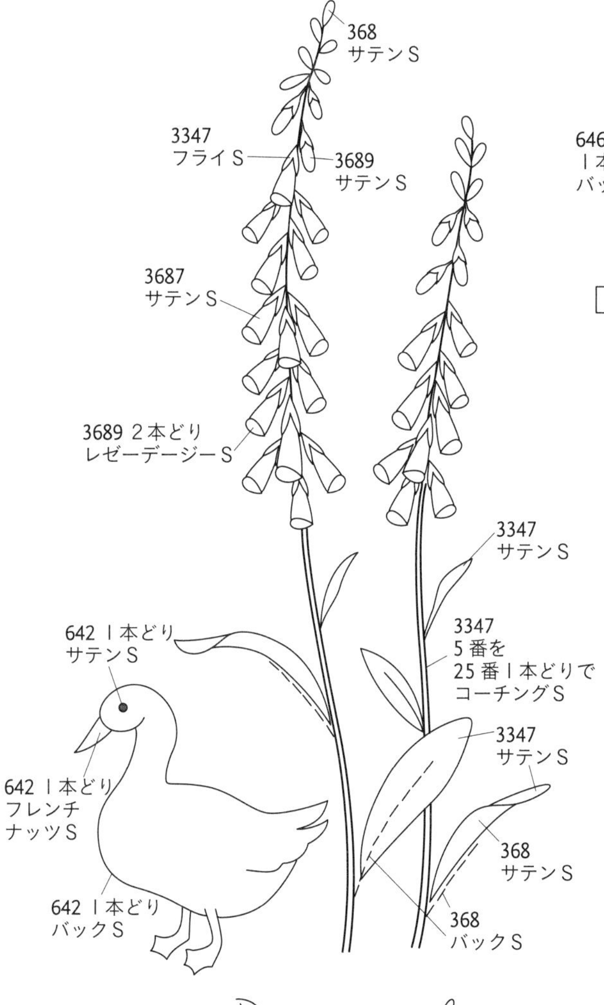

ジキタリス

PAGE 7 左下

★仕上りサイズ　21×15cm

★図案　125%に拡大して使用

★材料

DMC刺しゅう糸

5番＝3347

25番＝3347、368（以上グリーン系）、
　　3687、3689、642、646

布地　リネン（白）45×35cm

接着芯　45×35cm

パネル　21×15m

カモミール

PAGE 7 右上

★仕上りサイズ　21×15cm

★図案　125%に拡大して使用

★材料

DMC刺しゅう糸

5番＝3347

25番＝3347、471（以上グリーン系）、
　　822、3821、646

布地　リネン(白) 45×35cm

接着芯　45×35cm

パネル　21×15cm

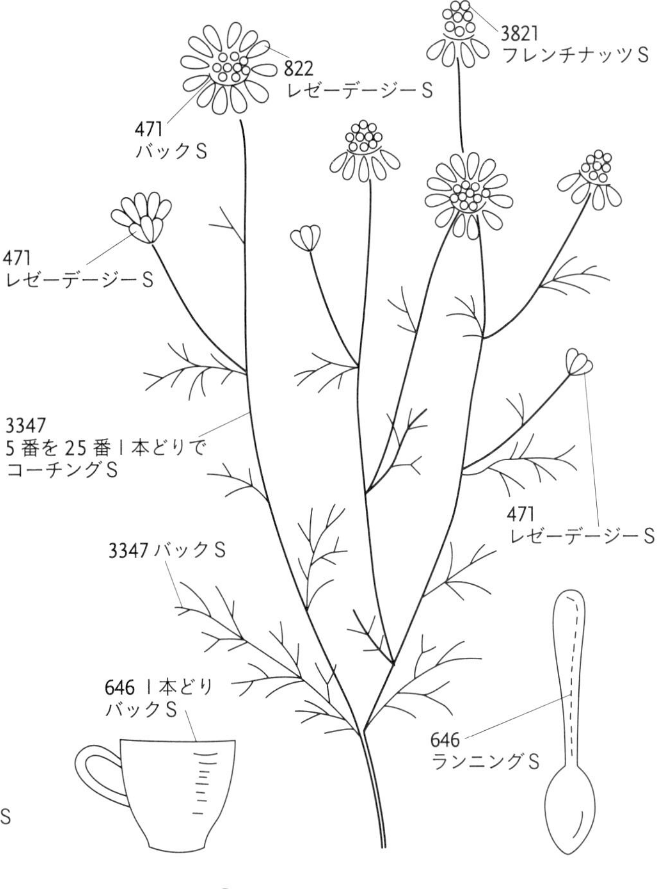

Chamomile

646 2本どり
コーチングS

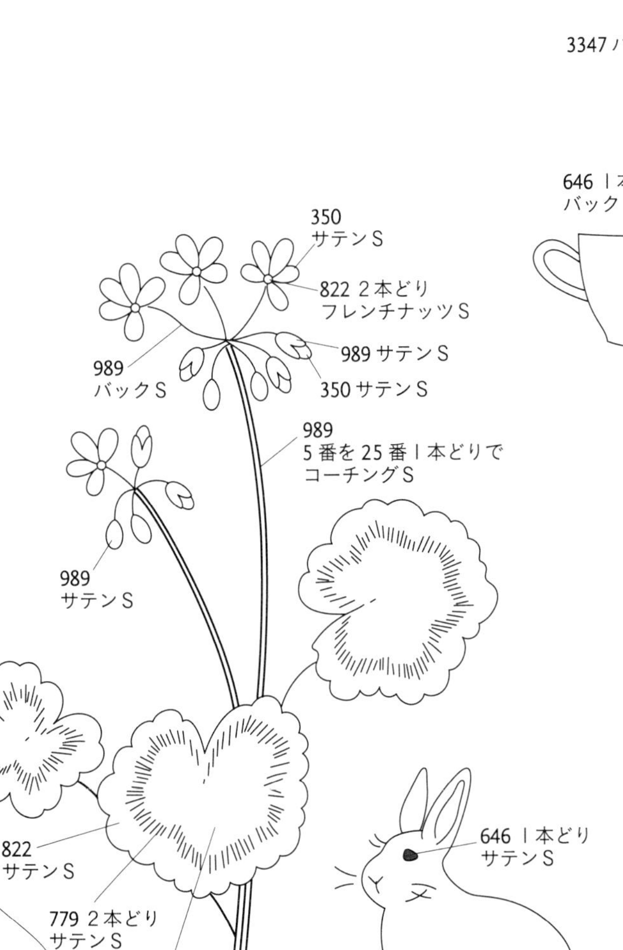

Pelargonium

646 2本どり
コーチングS

ペラルゴニウム

PAGE 7 右下

★仕上りサイズ　21×15cm

★図案　125%に拡大して使用

★材料

DMC刺しゅう糸

5番＝989

25番＝989、
　　3347（以上グリーン系）、
　　822、779、350、646

布地　リネン(白) 45×35cm

接着芯　45×35cm

パネル　21×15cm

◆葉は外側から中心に向かって、白、グリーンの順に刺し、2色をつなぐようにブラウンで粗めに刺し埋める

ガーデンブーケ

PAGE 6

★図案　実物大

★材料

DMC刺しゅう糸

5番＝989

25番＝989、3347（以上グリーン系）、
　　3822、3821、632、351、3354、3687、
　　794、822、646

AFE麻刺しゅう糸＝L417

布地　リネン(白) 45×40cm

接着芯　45×40cm

パネル　21.5×15.5cm

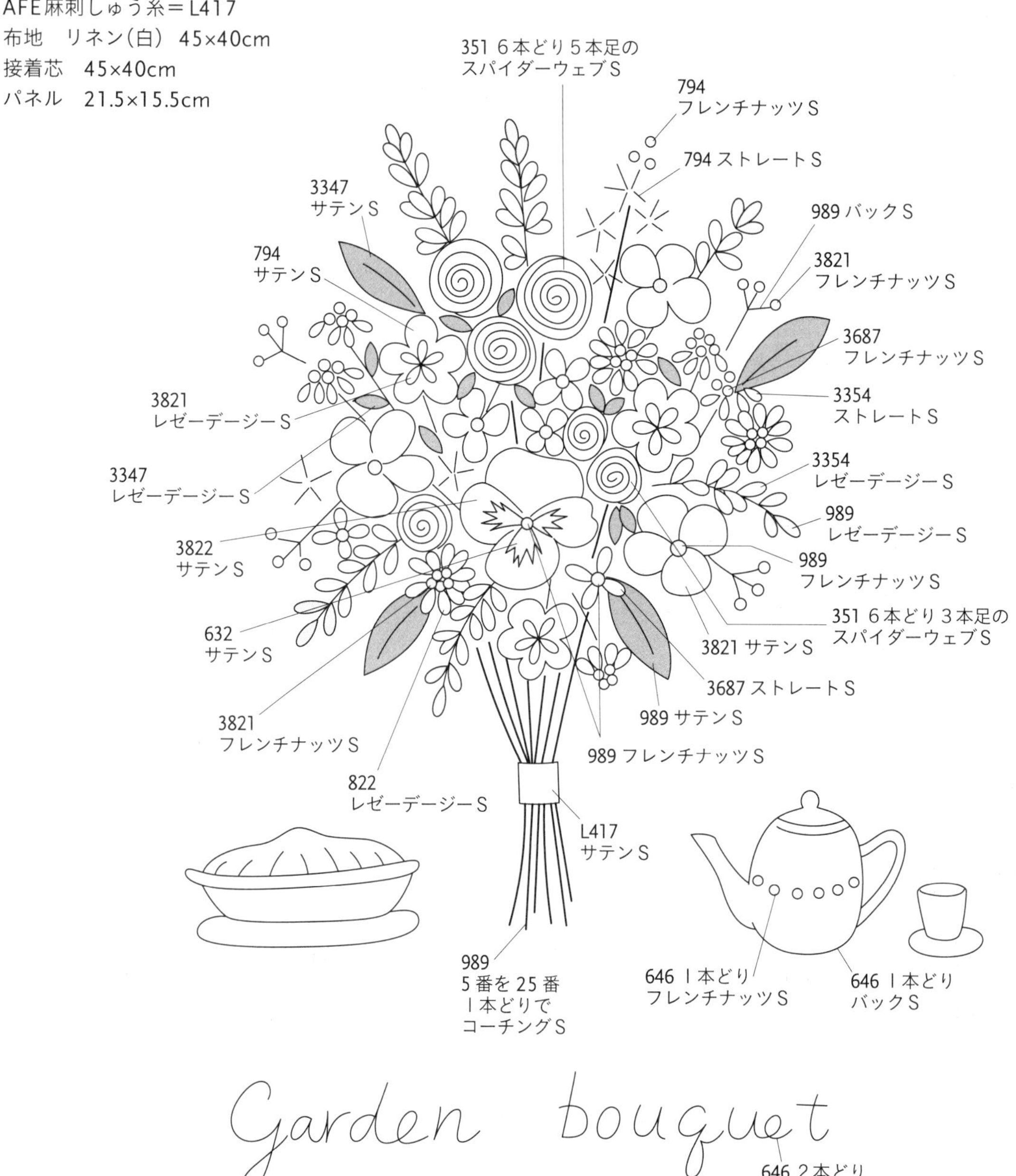

3 ピーターズミックス

PAGE 8

★図案　実物大

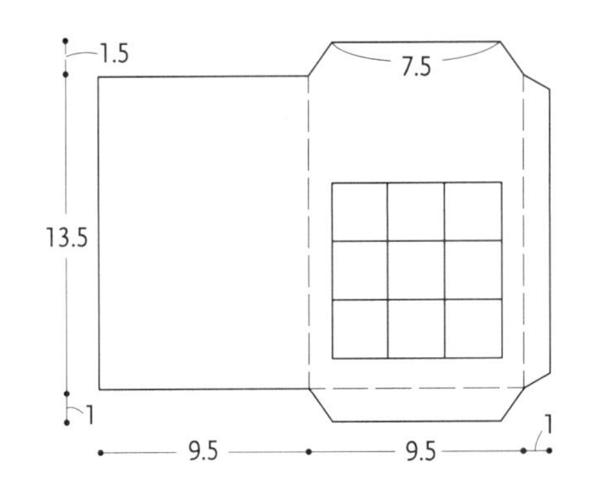

★材料

DMC刺しゅう糸

25番＝3894、471、989、3347（以上グリーン系）、
3820、3853、3831、
738、435、822、646、645

布地　リネン(白)　40×40cm

接着芯　40×40cm

速乾性接着剤(水性タイプ)

◆刺しゅうが終わったらサイズどおりに裁ち、折り代に接着剤をつけて袋の形に整える

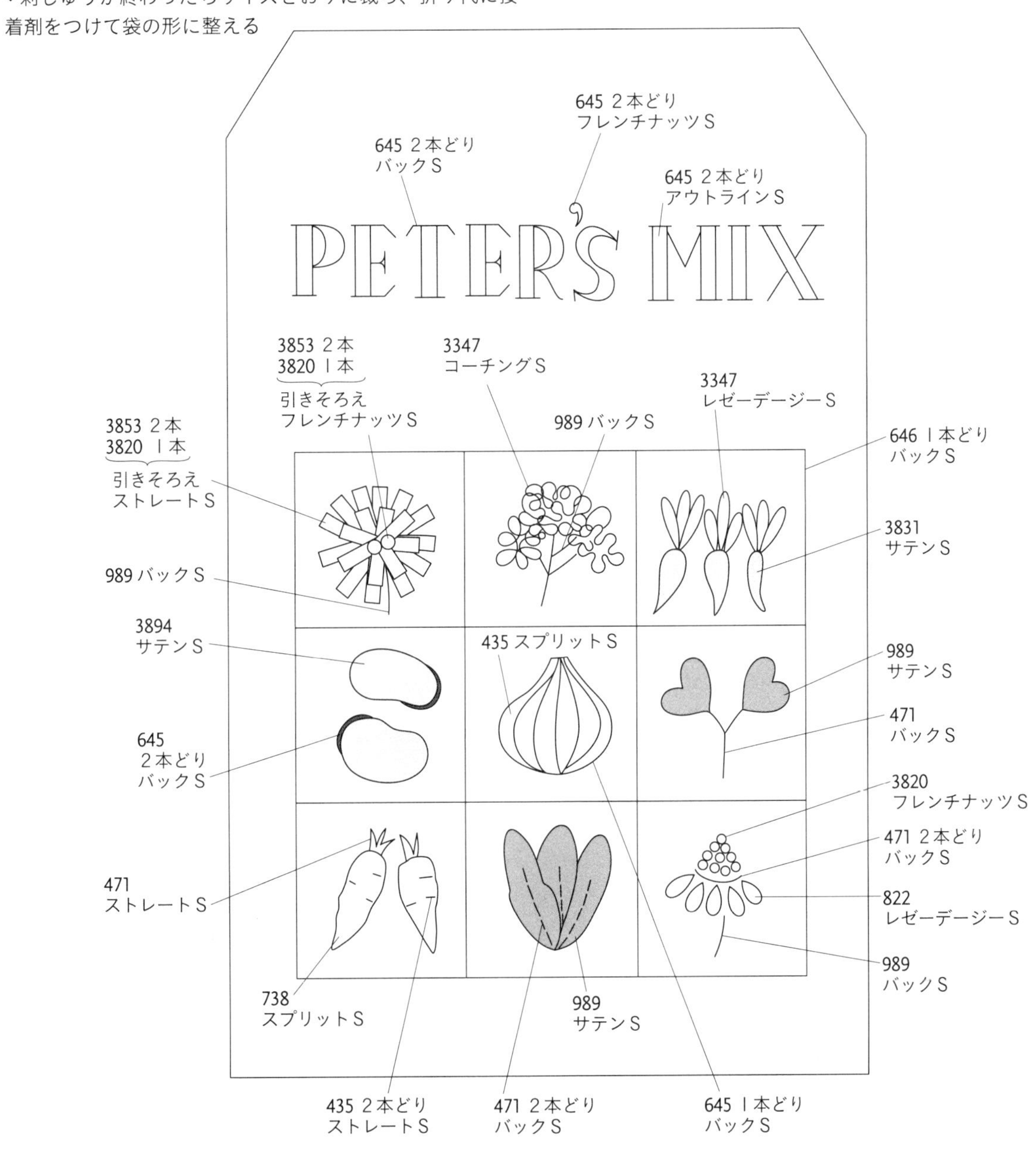

ラディッシュ

PAGE 9 右上

★図案　実物大

★材料

DMC刺しゅう糸

5番＝471

25番＝471、989、

367（以上グリーン系）、

309、777、645

布地　リネン（白）35×30cm

接着芯　35×30cm

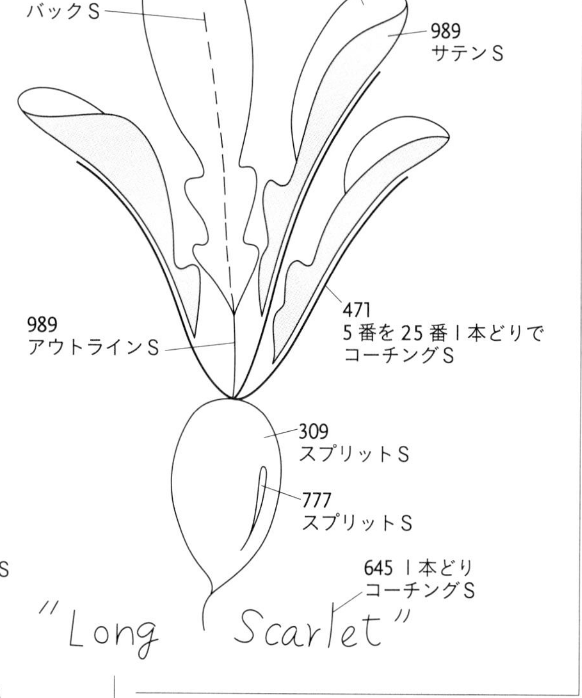

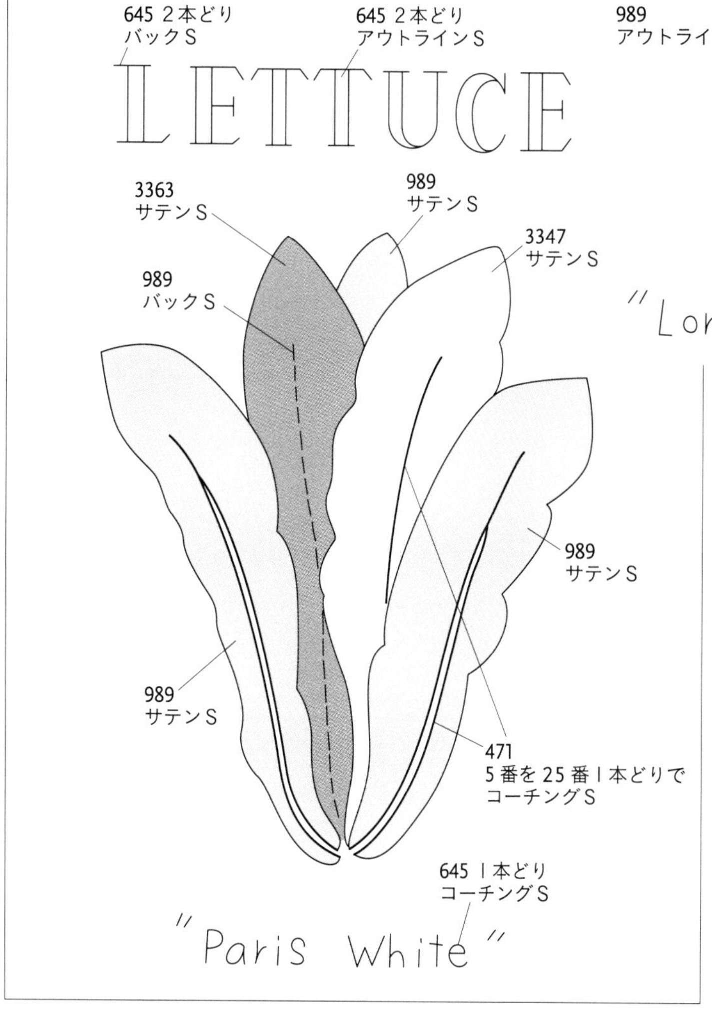

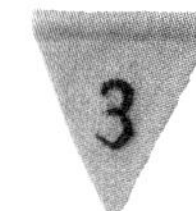

レタス

PAGE 9 左上

★図案　実物大

★材料

DMC刺しゅう糸

5番＝471

25番＝989、3347、3363、

471（以上グリーン系）、645

布地　リネン（白）35×30cm

接着芯　35×30cm

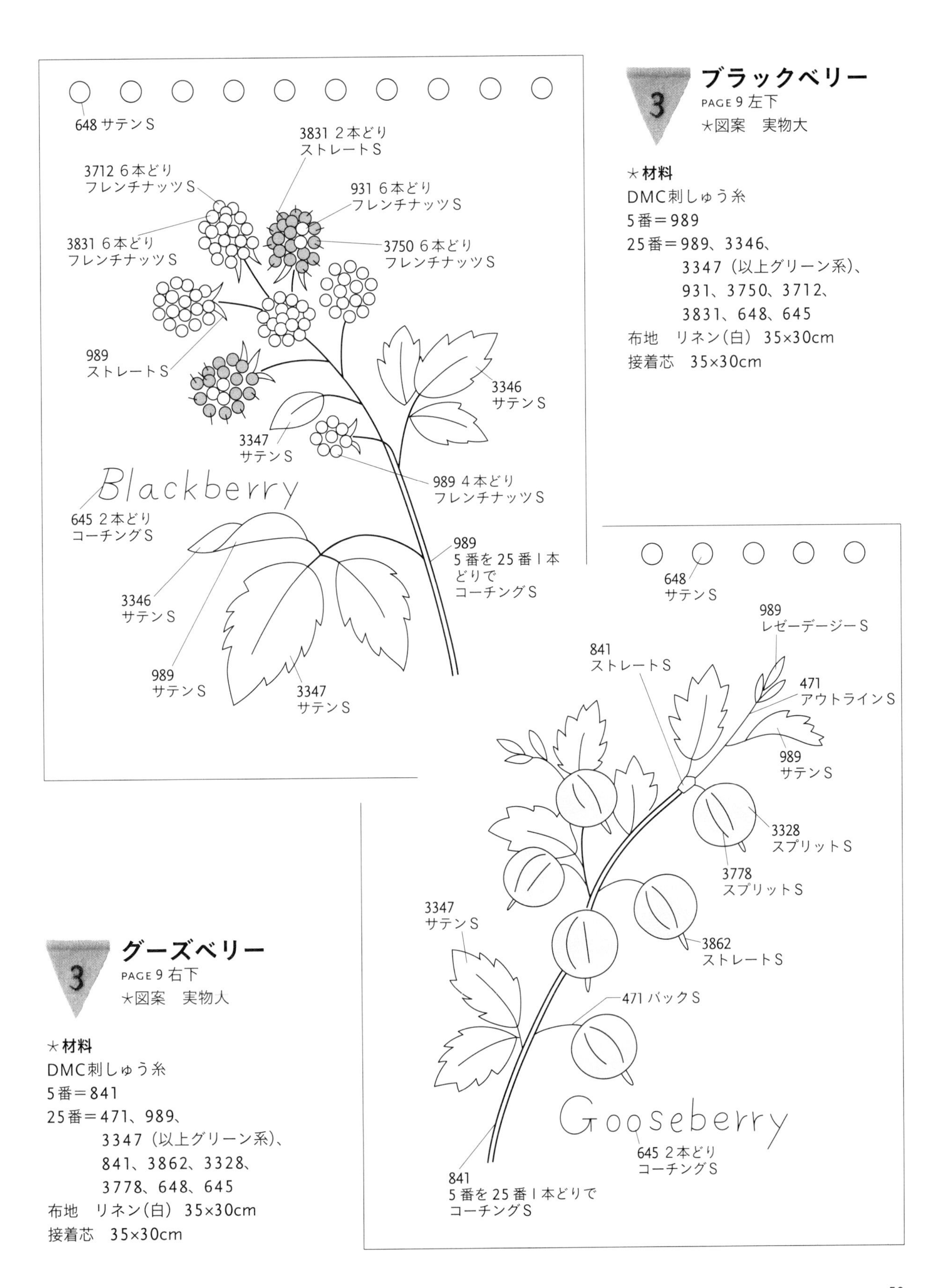

3 ブラックベリー

PAGE 9 左下
★図案　実物大

★材料
DMC刺しゅう糸
5番＝989
25番＝989、3346、
3347（以上グリーン系）、
931、3750、3712、
3831、648、645
布地　リネン(白) 35×30cm
接着芯　35×30cm

3 グーズベリー

PAGE 9 右下
★図案　実物大

★材料
DMC刺しゅう糸
5番＝841
25番＝471、989、
3347（以上グリーン系）、
841、3862、3328、
3778、648、645
布地　リネン(白) 35×30cm
接着芯　35×30cm

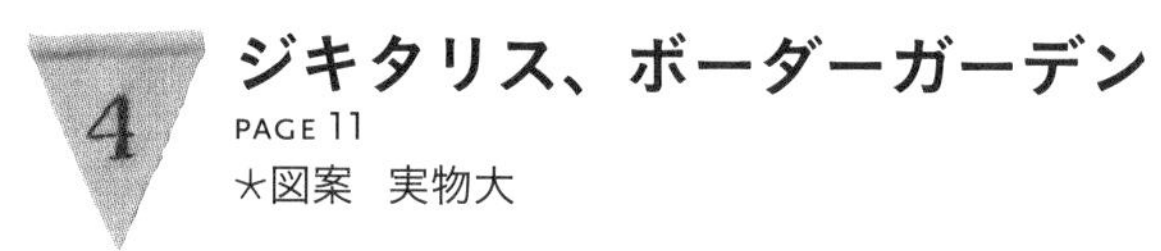

4 ジキタリス、ボーダーガーデン

PAGE 11

★図案　実物大

★**材料**

DMC刺しゅう糸

5番＝989

25番＝989、368、3347、3894（以上グリーン系）、
3822、3689、3688、3840、156、
729、644、642、844

透明糸

布地　リネン（白）45×40cm
ポリエステルチュール（グリーンむら染め）　適量

接着芯　45×40cm

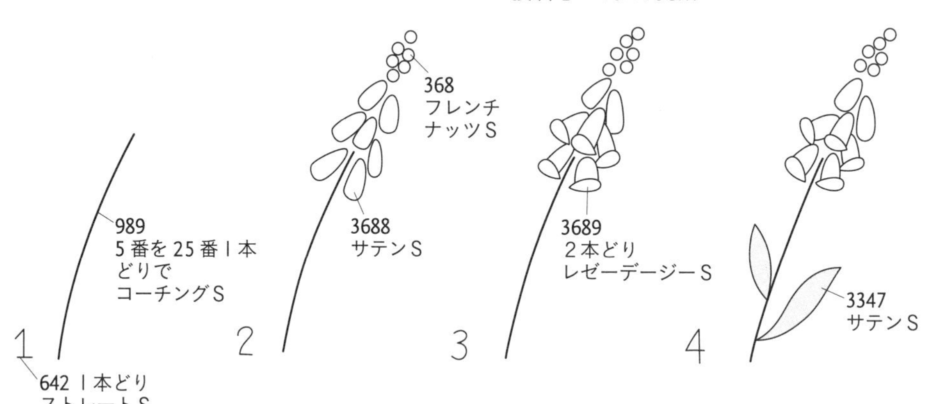

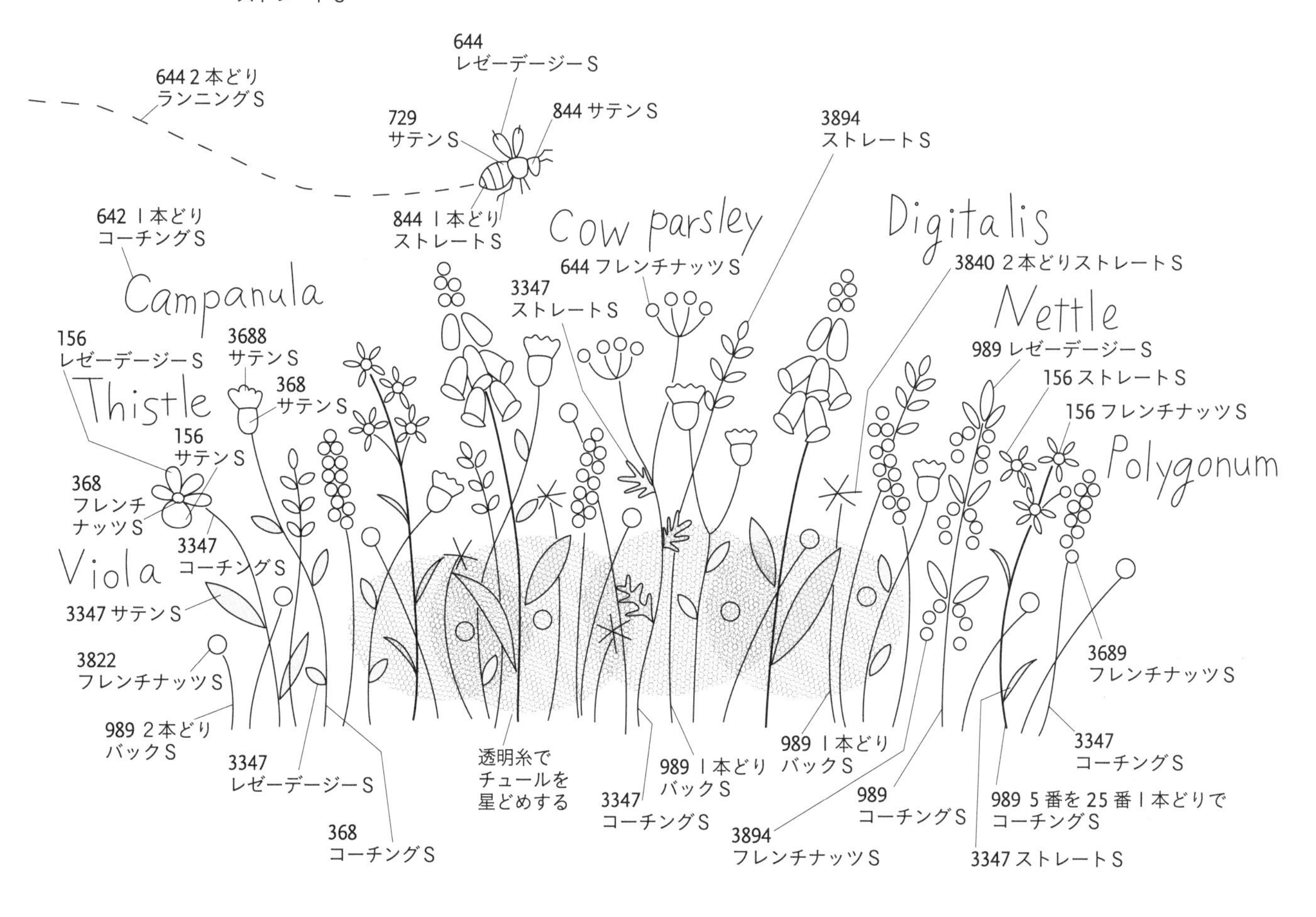

6 ハリネズミのバッグ

PAGE 15

★仕上りサイズ　19×15cm（バッグ本体）
★図案、パターン　125％に拡大して使用

★材料
DMC刺しゅう糸
25番＝822、3782、3863、3799
布地　表布、見返し＝リネン（ブルー）　40×30cm
　　　裏布＝コットン（ブルーストライプ）　35×20cm
接着芯（表布用）　40×25cm
革ひも（持ち手用）　0.5cm幅26cmを2本

製図

表布（2枚）
持ち手つけ位置
P.61 パターン使用
中心
19
15

見返し（2枚）
15
3
0.2
0.2

裏布（2枚）
15.5
14.6

※各パーツを縫い代を1cmつけて裁つ

作り方

②持ち手を縫い代にとめる

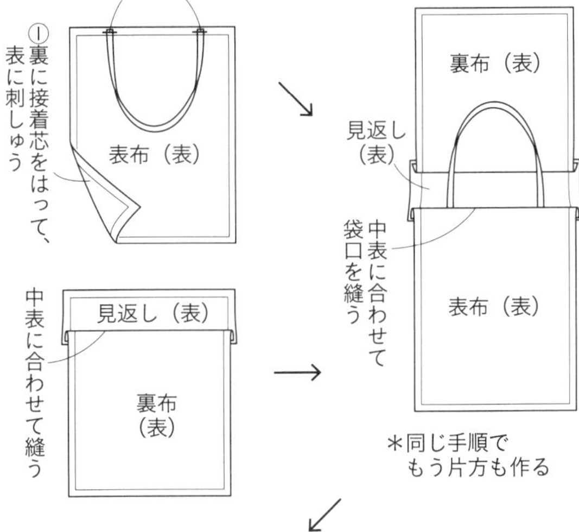

＊同じ手順でもう片方も作る

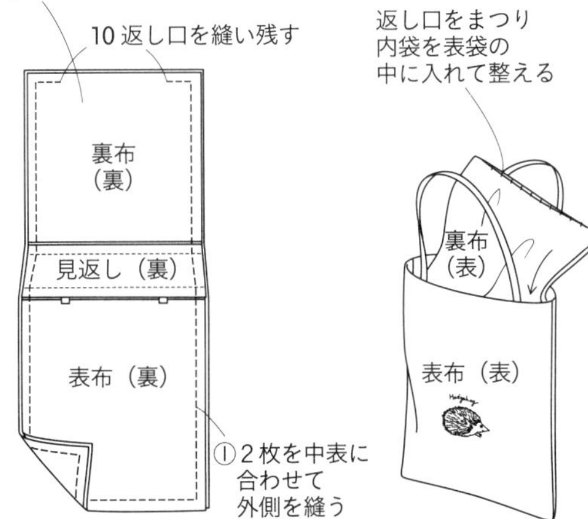

返し口をまつり内袋を表袋の中に入れて整える

表布（表）
裏布（表）

バッグのパターン

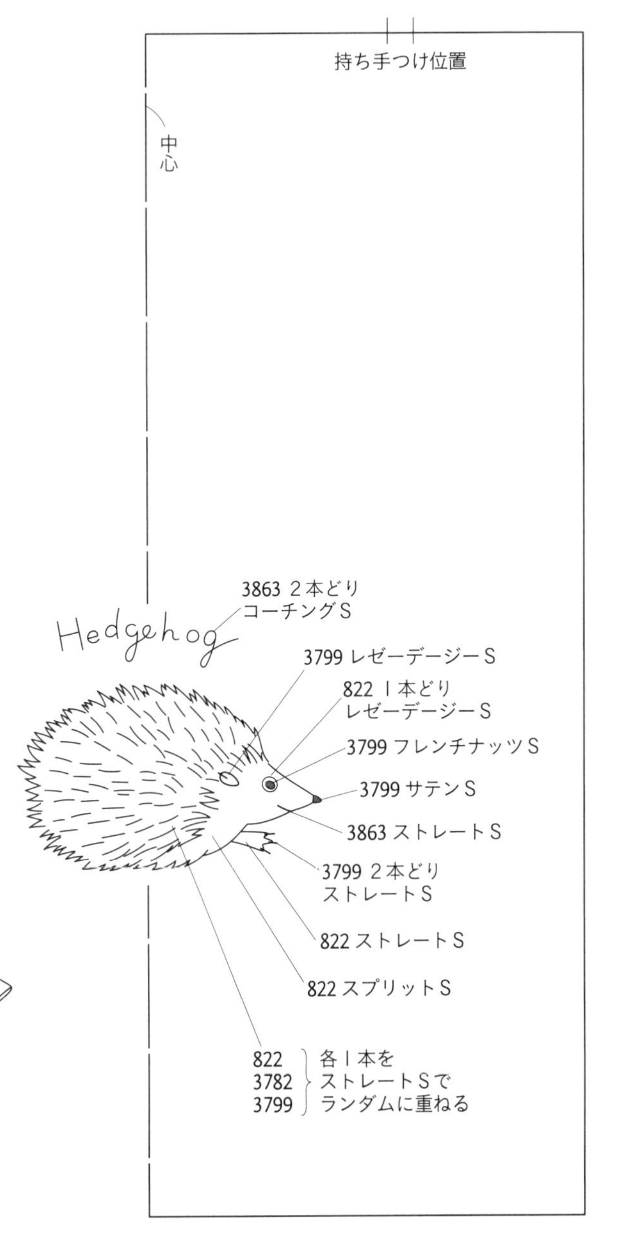

5 デイジーのバスケット

PAGE 13

★図案、パターン　実物大

★材料

DMC刺しゅう糸
5番＝470
25番＝470、3346、
3362（以上グリーン系）、
3865、ECRU、3820、
3733、3772

オバール型バスケット
幅21×奥行き17×高さ7cm
布地　表布（ハーフリネン）、
裏布（リネンチェック）
各60×20cm
薄手接着芯　40×50cm
キルト芯　25×20cm
トーションレース　0.8cm幅を70cm
厚紙またはボード　20×25cm
トグルボタン　長さ3cmを1個
リネンブレード　0.3cm幅を50cm
速乾性接着剤（水性タイプ）

バスケットのパターン

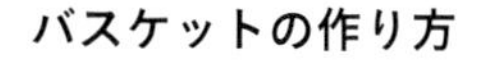

バスケットの作り方

①表布の裏に接着芯をはり
刺しゅうをして、折り代をつけて裁つ

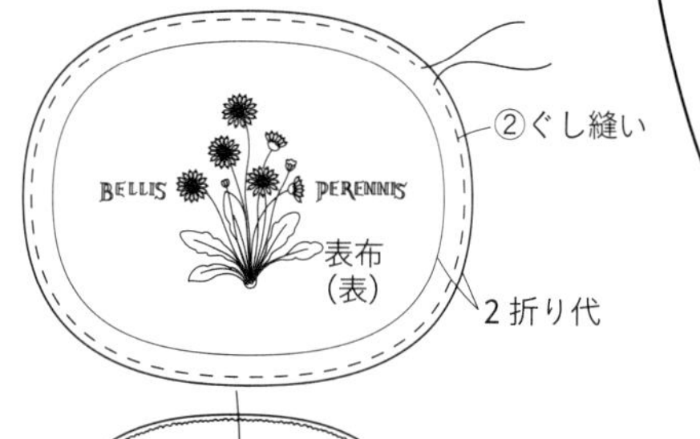

③出来上り寸法にカットした
ボードにキルト芯を重ね
さらに表布を重ねる

キルト芯
ボード

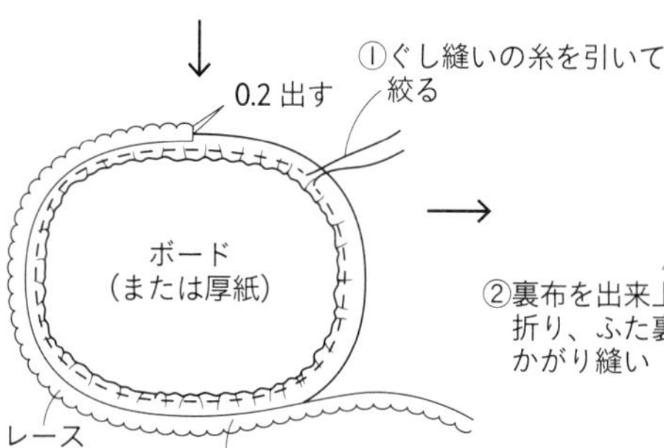

②レースの端が外側に
0.2 出るように接着剤で
はりつける

7
長さ18のブレードを
二つ折りにし
つけ位置に挟む

②裏布を出来上りに
折り、ふた裏面に
かがり縫い

ボード
裏布
（表）
0.5

①バイアス布で長さ10の
布ループを作り、
二つ折りにして、
つけ位置にとめる

バスケットにブレードを
通して結びつける

BELLIS PERENNIS

トグルボタンに
ブレードを通し、
バスケットに結びつける

ピンクッションの作り方

①裏に接着芯をはり、
表に刺しゅうをしたら
直径14に裁つ（クッションが直径9の場合）

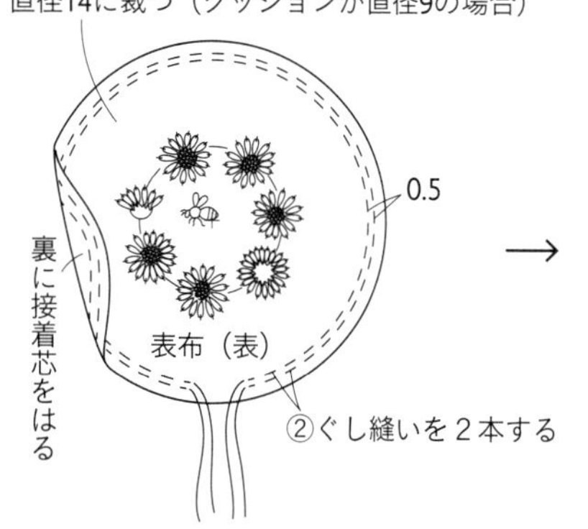

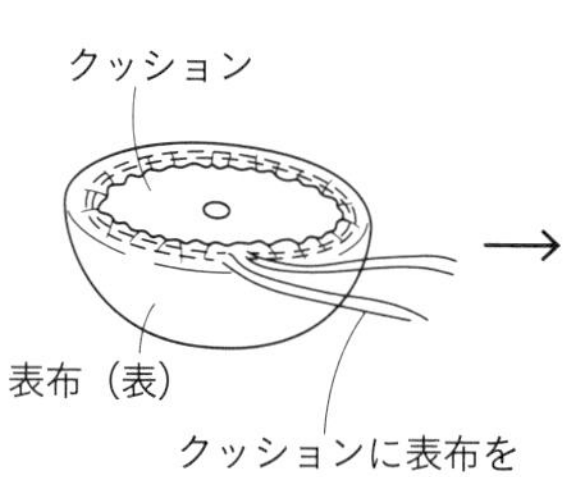

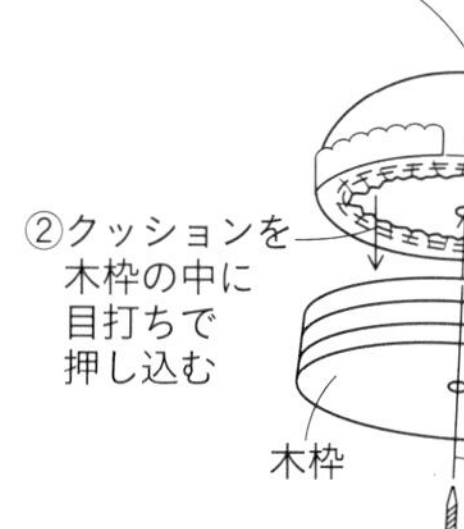

5 ピンクッション

PAGE 13

★仕上りサイズ　直径10×高さ5cm

★図案　実物大

★材料

DMC刺しゅう糸

25番＝471、3346（以上グリーン系）、
3865、ECRU、3733、3820、
3752、844、680

布地　ハーフリネン　20×20cm

薄手接着芯　20×20cm

リネンのトーションレース
1cm幅30cm

ピンクッション台
直径10cmの市販品（イギリス製）

速乾性接着剤（水性タイプ）

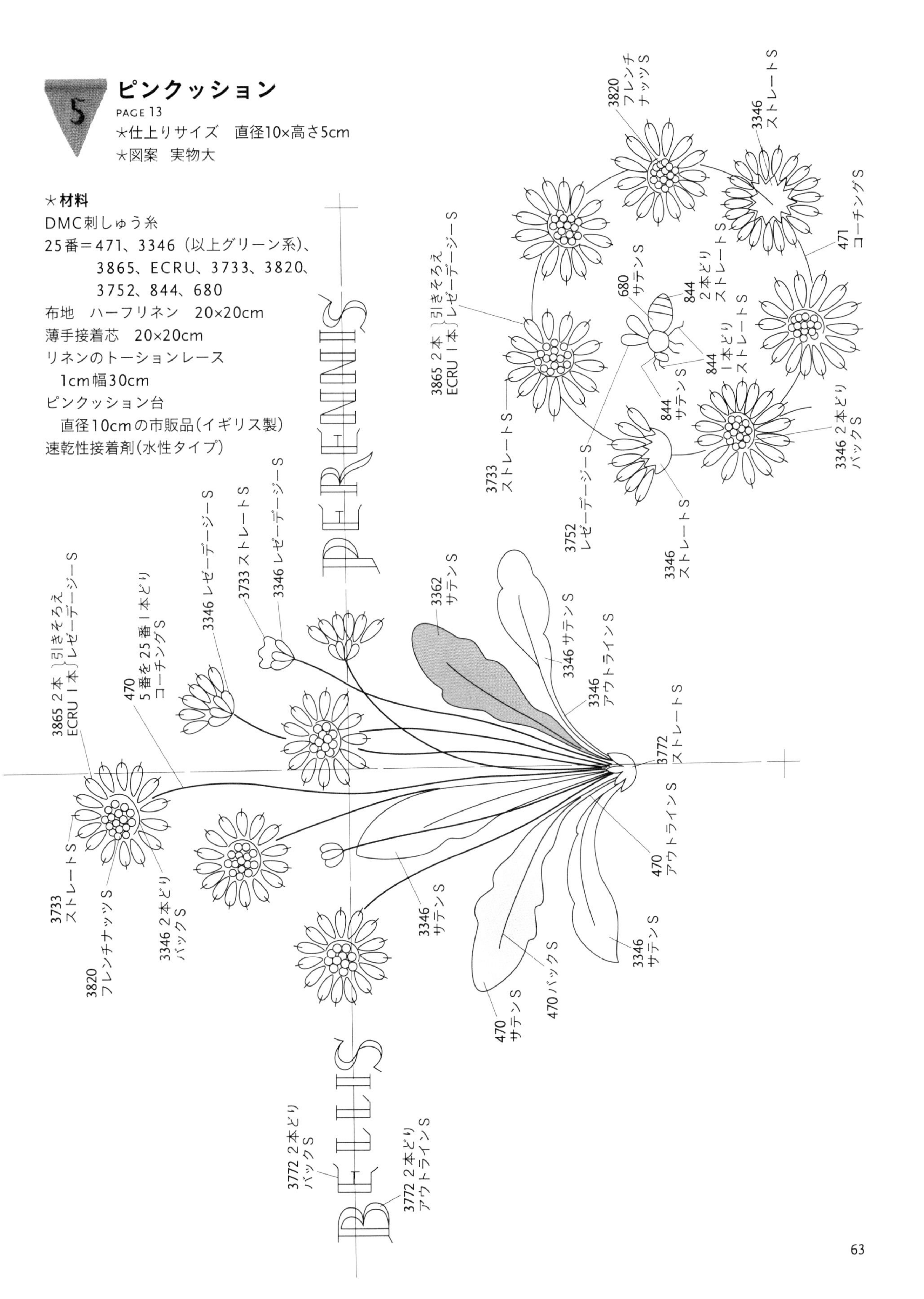

ツイッター

PAGE 16

★図案　実物大

★材料

DMC刺しゅう糸

25番＝822、783、921、169、645、
3799、3862、610、839

布地　リネン(白)　25×25cm

接着芯　25×25cm

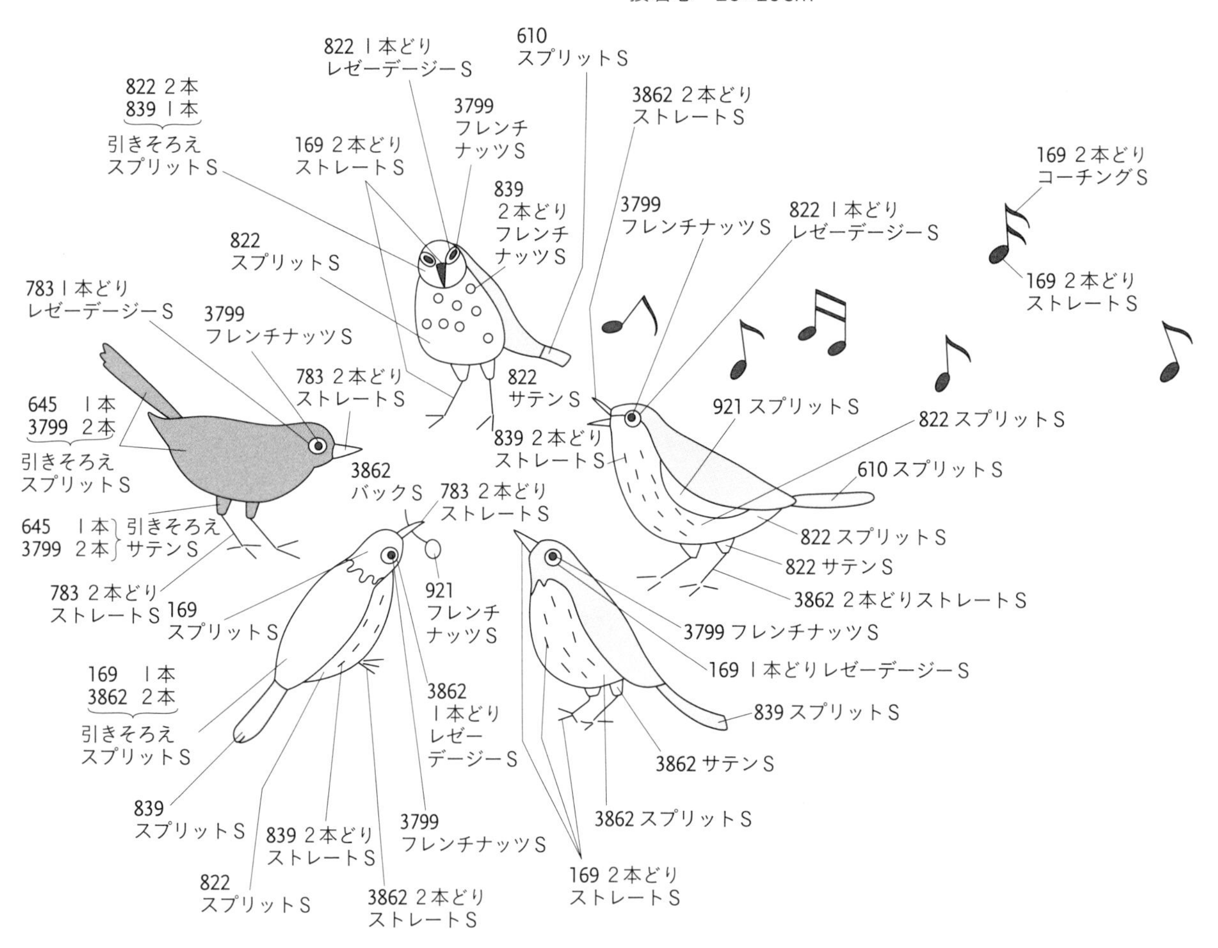

ウタツグミ

PAGE 17

★図案　実物大

★材料

DMC刺しゅう糸

25番＝3865、ECRU、420、839、844、310、
3782、3347

AFE麻刺しゅう糸＝L910

布地　リネン(グレー)　45×45cm

接着芯　45×45cm

ロビン

PAGE 17

★図案　実物大

★材料

DMC刺しゅう糸

25番＝921、610、ECRU、3865、169、844、3799

布地　リネン(ベージュ)　45×45cm
アップリケ布(グレー)　適量

接着芯　45×45cm

両面接着芯　適量

◆両面接着芯をはったアップリケ布を図案どおりにカットしてアイロン接着し、回りをミシンでステッチをする

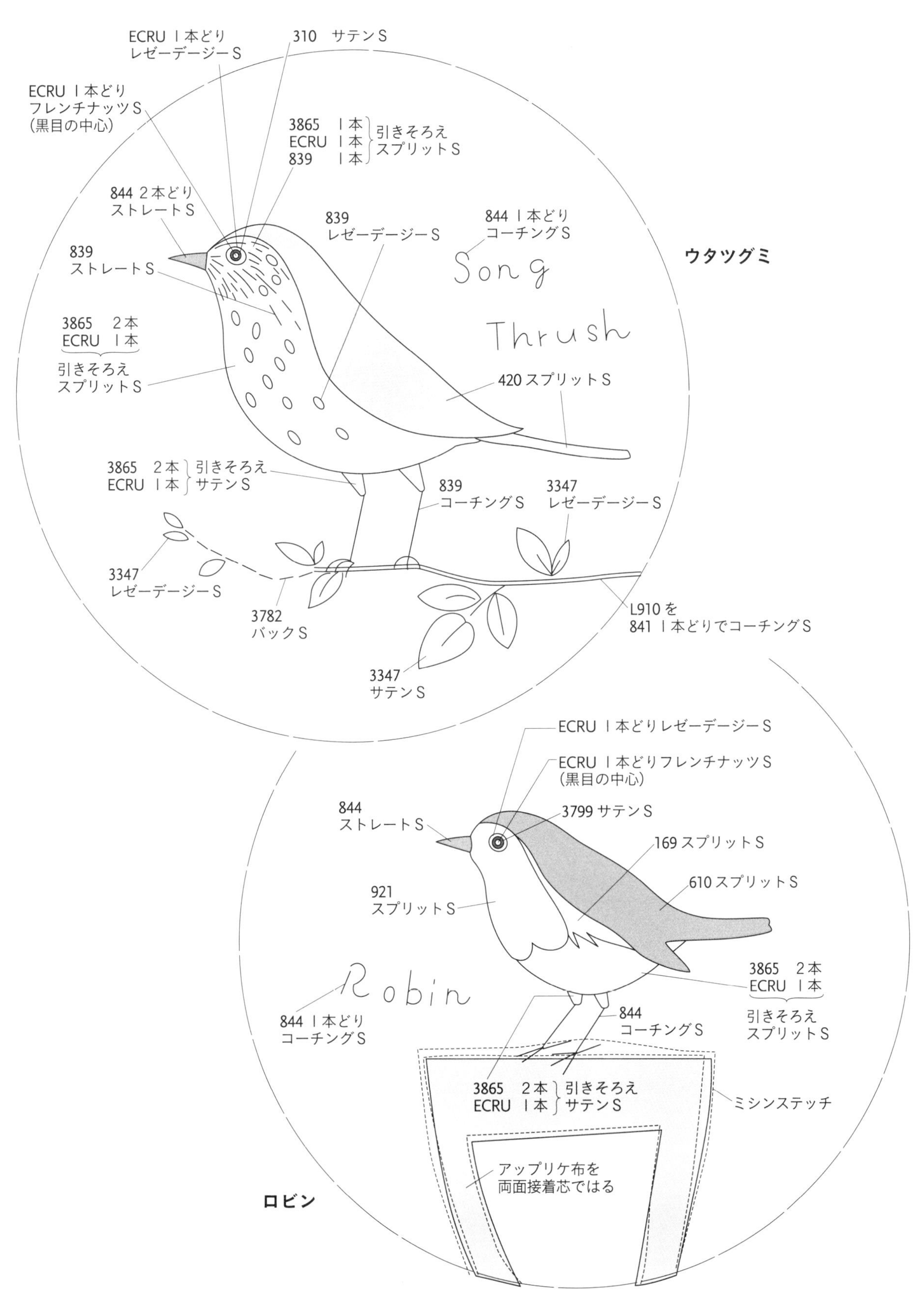
ECRU 1本どり
レゼーデージーS
310 サテンS
ECRU 1本どり
フレンチナッツS
(黒目の中心)
3865 1本
ECRU 1本
839 1本
引きそろえ
スプリットS
844 2本どり
ストレートS
839
レゼーデージーS
844 1本どり
コーチングS
ウタツグミ
839
ストレートS
Song
Thrush
3865 2本
ECRU 1本
引きそろえ
スプリットS
420 スプリットS
3865 2本
ECRU 1本
引きそろえ
サテンS
839
コーチングS
3347
レゼーデージーS
3347
レゼーデージーS
3782
バックS
L910 を
841 1本どりでコーチングS
3347
サテンS
ECRU 1本どりレゼーデージーS
ECRU 1本どりフレンチナッツS
(黒目の中心)
844
ストレートS
3799 サテンS
169 スプリットS
610 スプリットS
921
スプリットS
3865 2本
ECRU 1本
引きそろえ
スプリットS
Robin
844 1本どり
コーチングS
844
コーチングS
3865 2本
ECRU 1本
引きそろえ
サテンS
ミシンステッチ
アップリケ布を
両面接着芯ではる
ロビン

ブラックバード

PAGE 17

★図案　実物大

★材料

DMC刺しゅう糸
25番＝3799、645、169、728、310、989、921
布地　リネン(チェック)　45×45cm
接着芯　30×30cm

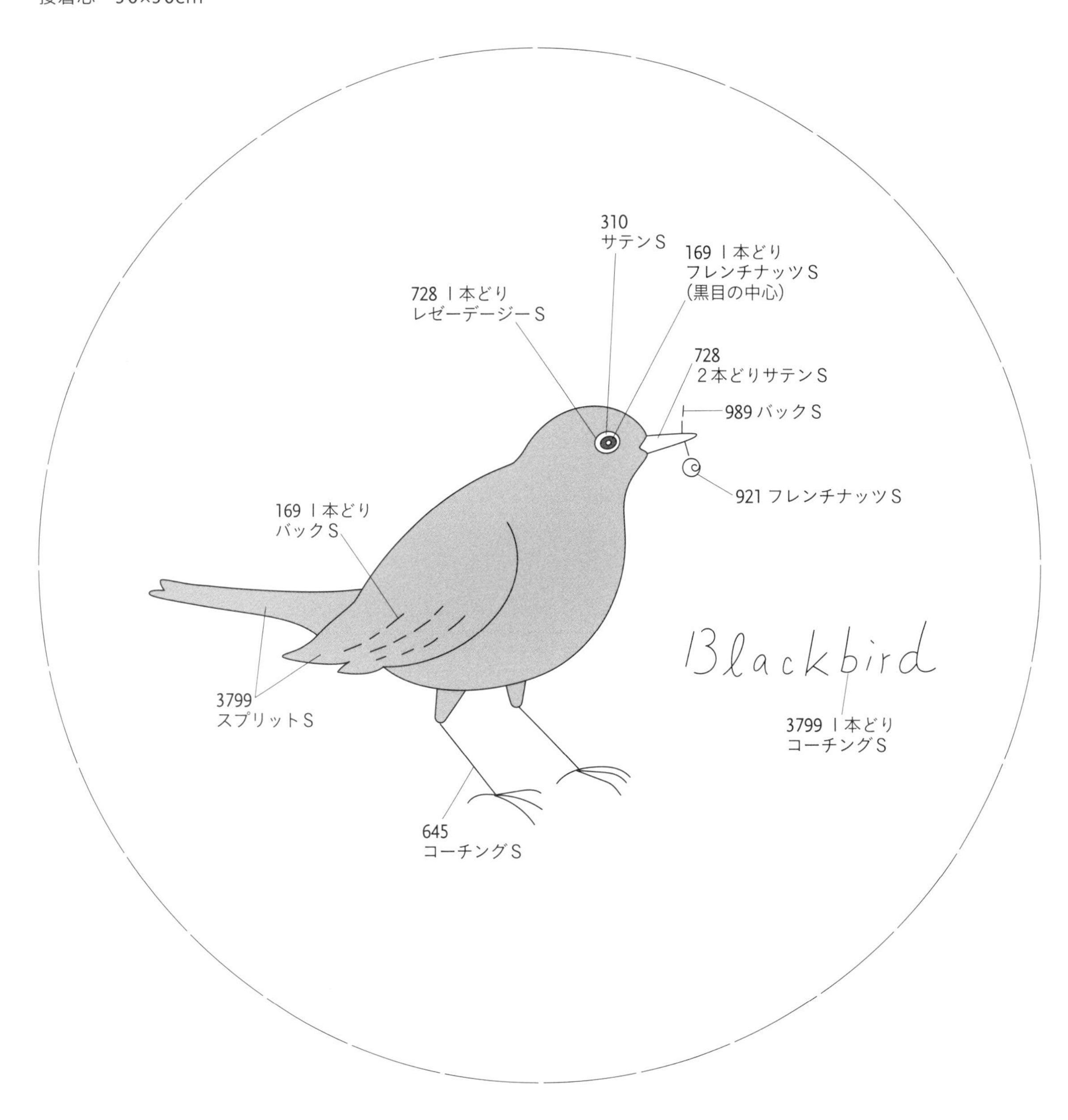

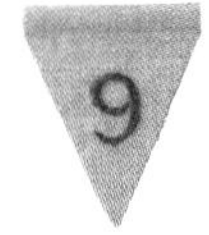

トピアリー

PAGE 21

★仕上りサイズ　27×22cm
★図案　145%に拡大して使用

◆刺しゅうを始める前に、アクリル絵の具をリネン全体に薄く塗る
◆一輪車のチャームが見つからない場合は、じょうろやハチなどにアレンジを。作品と同じ真ちゅう色を選ぶ
◆穴は、はと目パンチ(直径5mm)を使用してあける

★材料
DMC刺しゅう糸
5番＝840
25番＝907、3347、988（以上グリーン系)、840、646
透明糸
布地　リネン(白)　50×45cm
接着芯　50×45cm
チャーム(一輪車)　1個
アクリル絵の具(ホワイト)

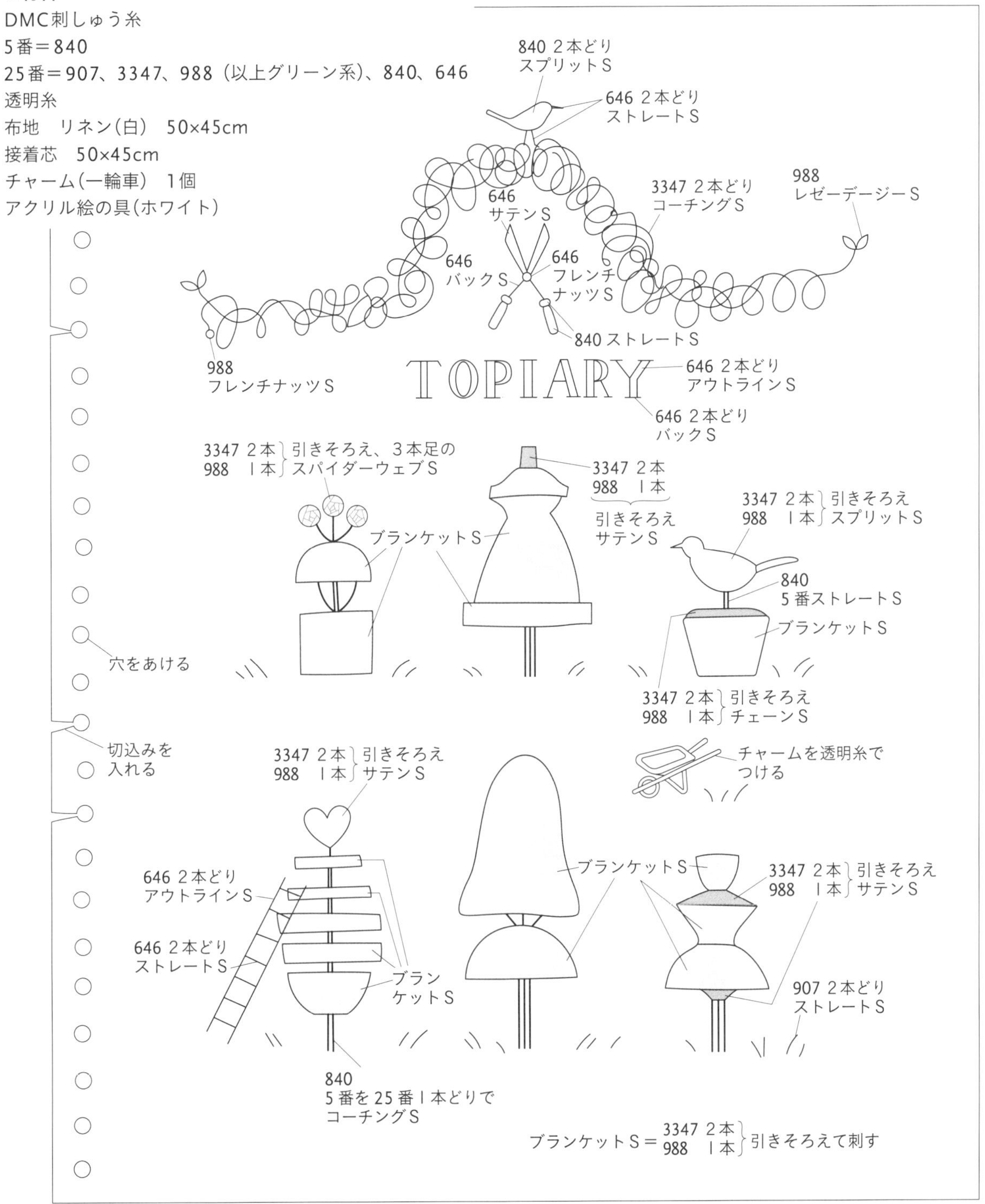

8 キノコとハチ

PAGE 19
★図案　実物大

★材料
DMC刺しゅう糸
25番＝347、ECRU、869
透明糸
布地　リネン(ベージュ) 20×20cm
　　　アップリケ布(プリント)　5×15cm
接着芯　20×20cm
両面接着芯　適量
チャーム(ハチ)　1個

◆アップリケ布を両面接着芯でリネンにはり、ミシンステッチをする
◆ざっくりした布は図案が写しにくいので、ピーシングペーパーに図案を写してアイロン接着。刺し終わったら、ペーパーを破り取る

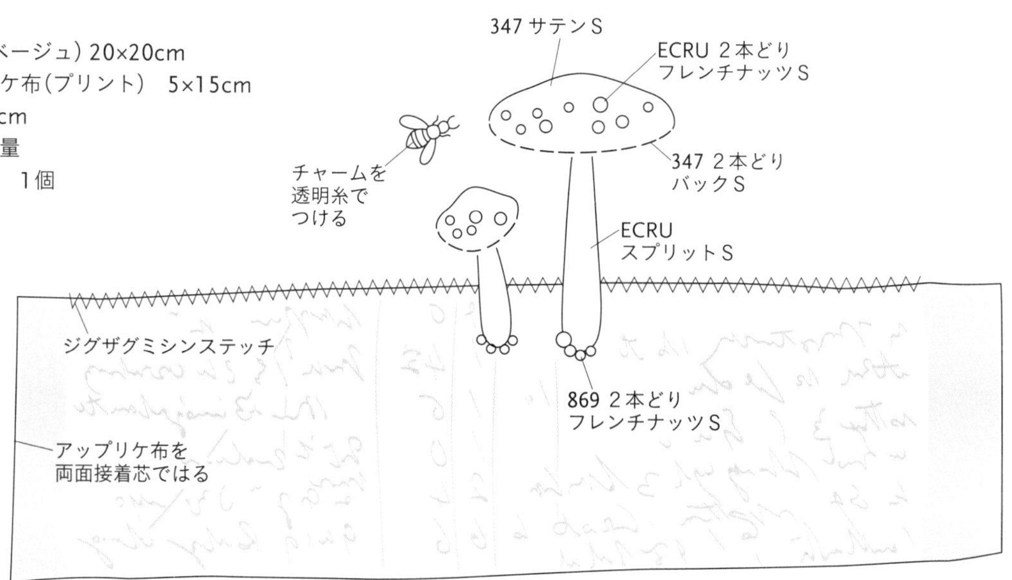

キノコのポーチの作り方

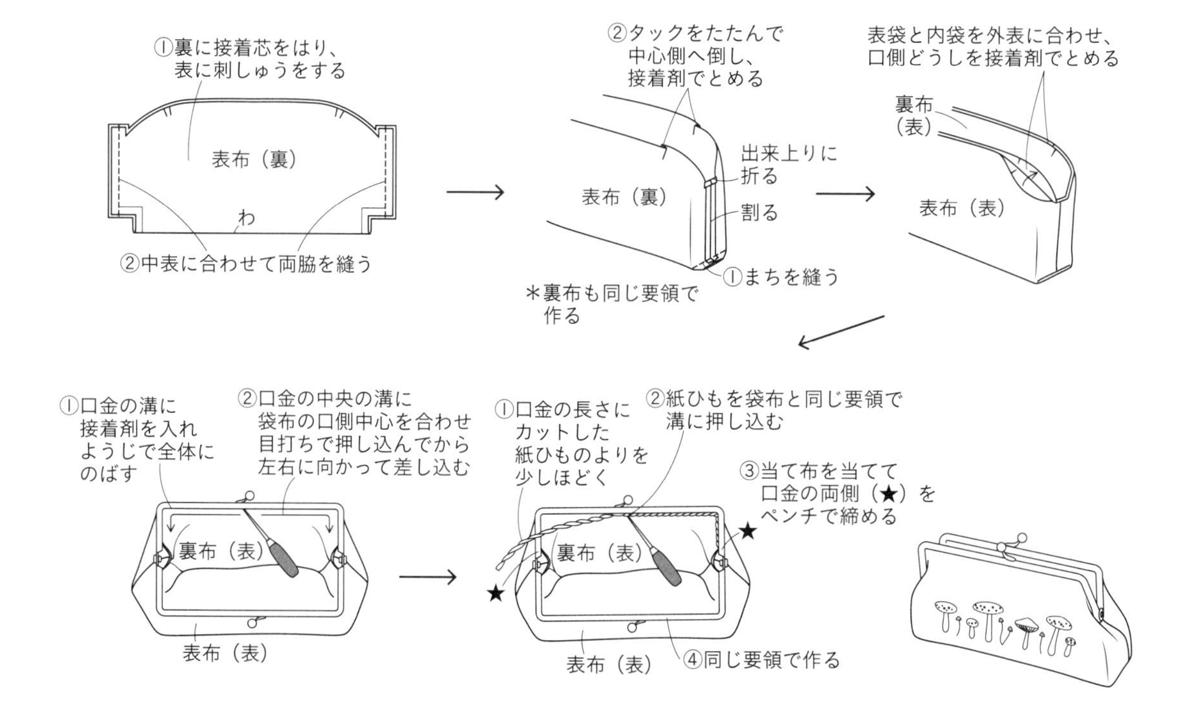

8 キノコのポーチ

PAGE 19,68

★図案、パターン　実物大

★材料

DMC刺しゅう糸

25番＝347、ECRU、3862、844

布地　表布＝リネン(ブルーグレー)　25×35cm

　　　裏布＝リネン(ブラウン)　25×35cm

接着芯　50×35cm

口金　幅16.5×4cmを1個

紙ひも　40cm

速乾性接着剤(水性タイプ)

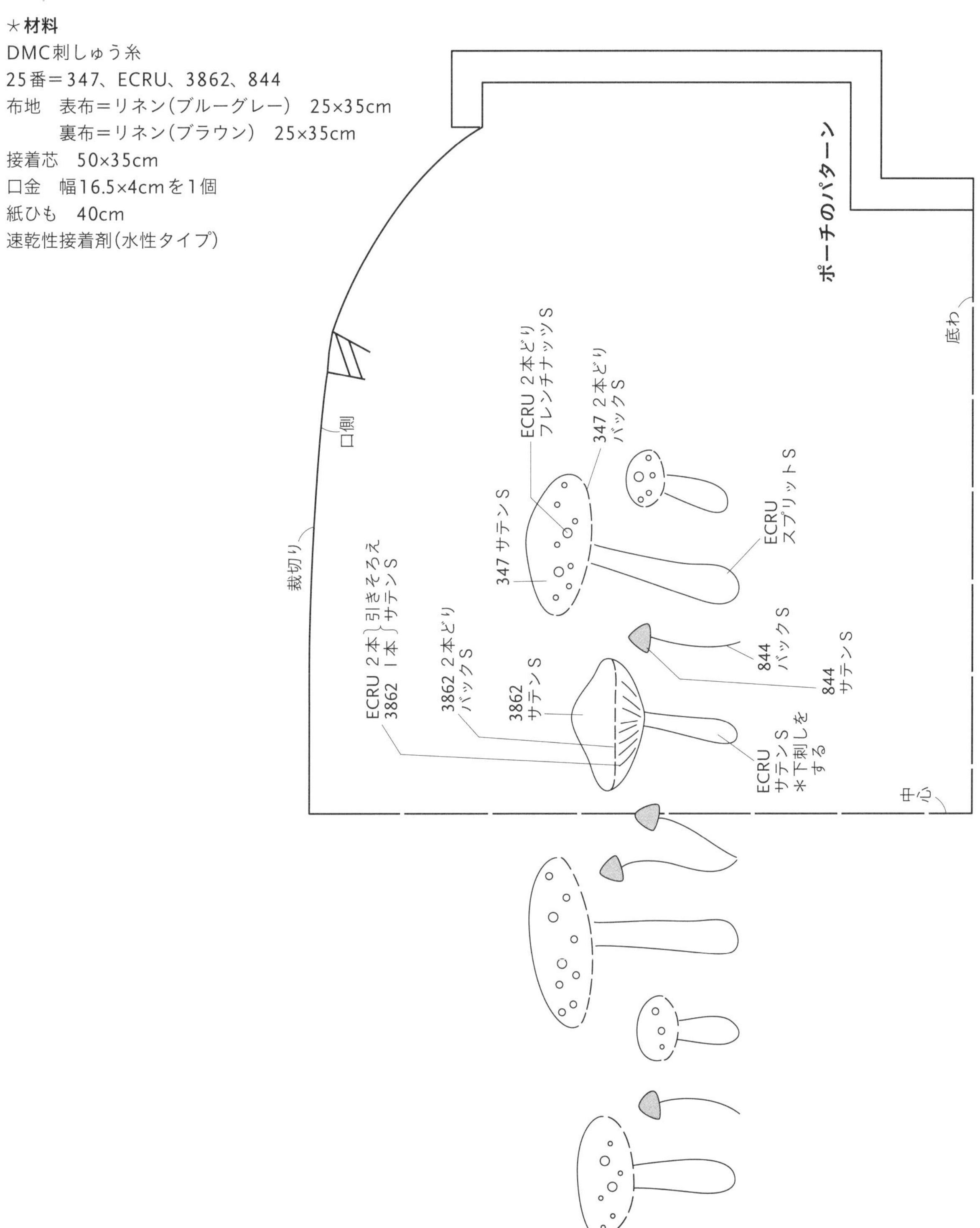

スイセンのブックカバー（新書用）

PAGE 23

⋆仕上りサイズ　18×31.5cm
⋆図案、パターン　実物大

⋆材料

DMC刺しゅう糸
5番＝368
25番＝368、988、320（以上グリーン系）、
772、165、727、725、646
布地　リネン（チェック）　25×45cm
グログランリボン　1.6cm幅20cm
サテンリボン　0.3cm幅20cm
薄手接着芯　25×45cm

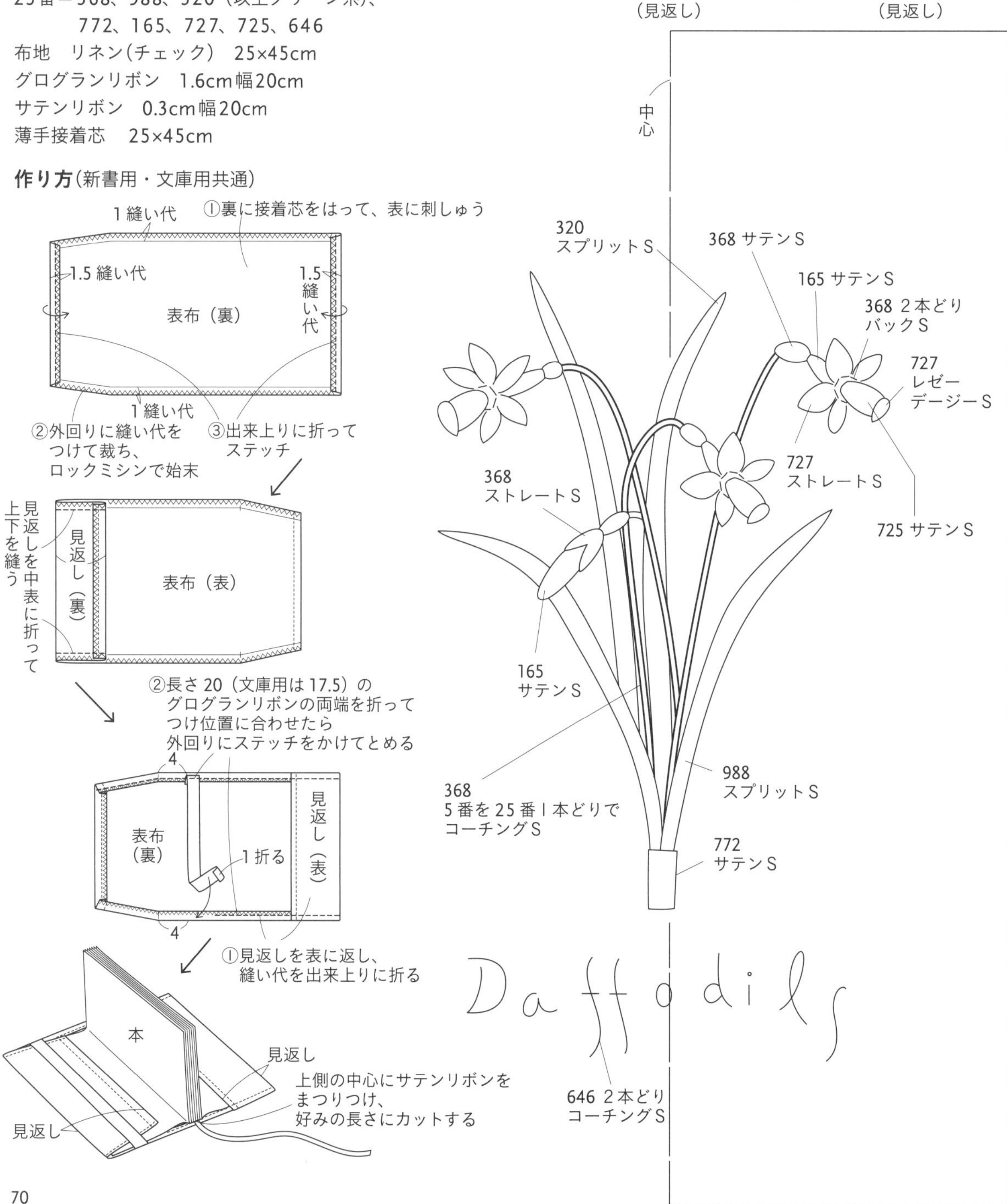

スイセンのブックカバー（文庫用）

PAGE 23

★仕上りサイズ　15.5×31.5cm
★図案　実物大

★材料
DMC刺しゅう糸
5番＝368
25番＝368、988、367（以上グリーン系）、
772、165、727、725、794、645
布地　リネン（グレー）　20×45cm
綿テープ　2cm幅18cm
薄手接着芯　20×45cm

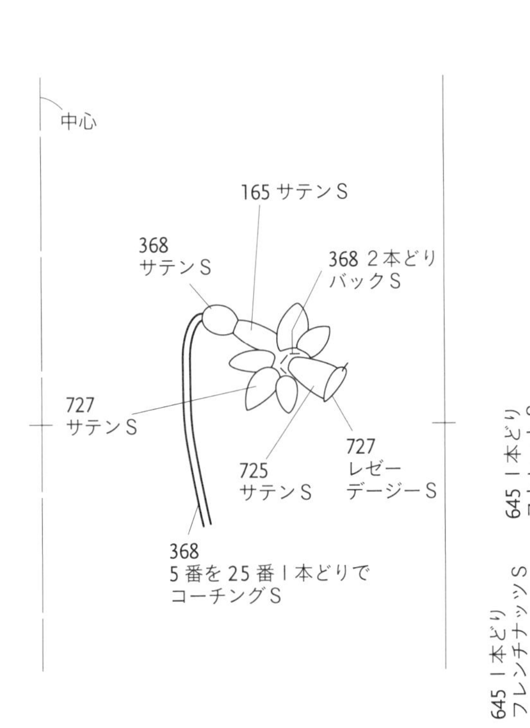

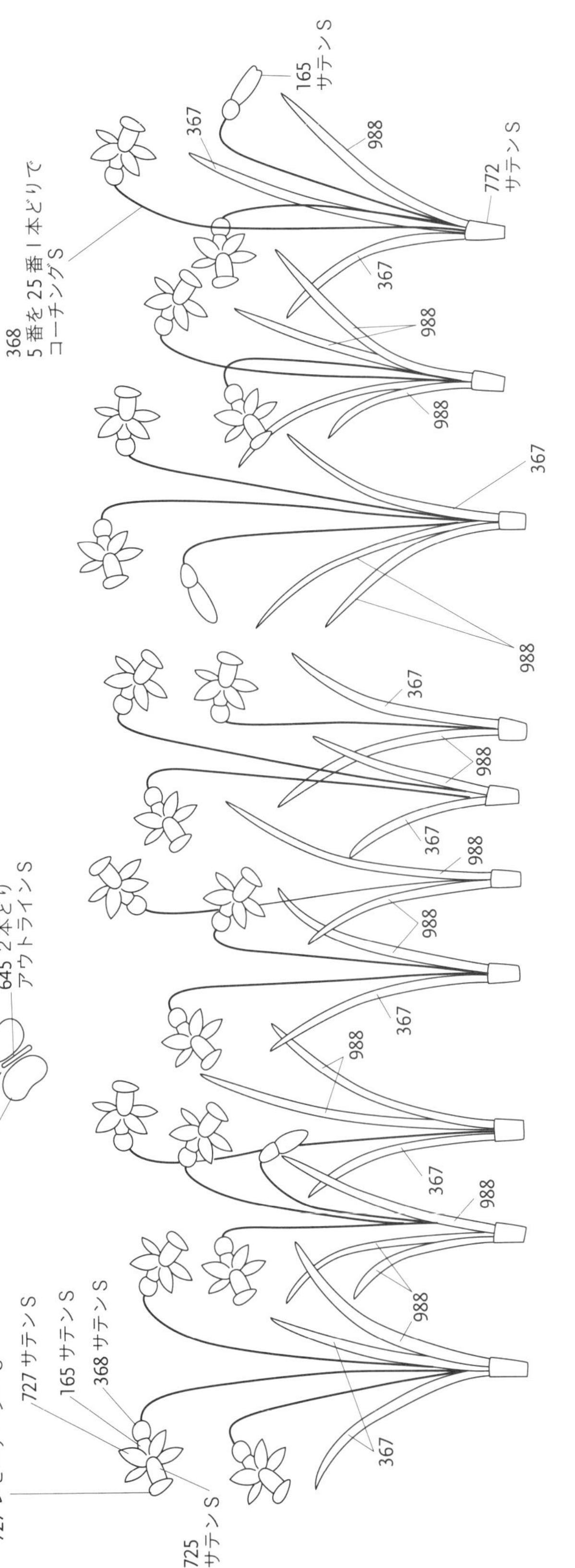

コッツウォルズの丘

PAGE 24

★仕上りサイズ　29×35cm
★図案　125％に拡大して使用

★**材料**
DMC刺しゅう糸
25番＝907、702、988（以上グリーン系）、
3865、3782、840、3799
透明糸
布地　リネン(ライトブルー)　14×38cm
リネン(グリーン)　17×38cm
ポリエステルチュール
(グリーンむら染め)　適量
接着芯　29×38cm
スタンプ(アルファベット)
布用インク(暗いグリーン)

◆2色のリネンをずらして重ね、裏に接着芯をはる。指定部分にミシンのフリーモーションでステッチをする。グリーンの布に植物名をスタンプし、チュールをミシンのフリーモーションでとめる
◆ざっくりした布は図案が写しにくいので、ピーシングペーパーに図案を写してアイロン接着。刺し終わったらペーパーを破り取る

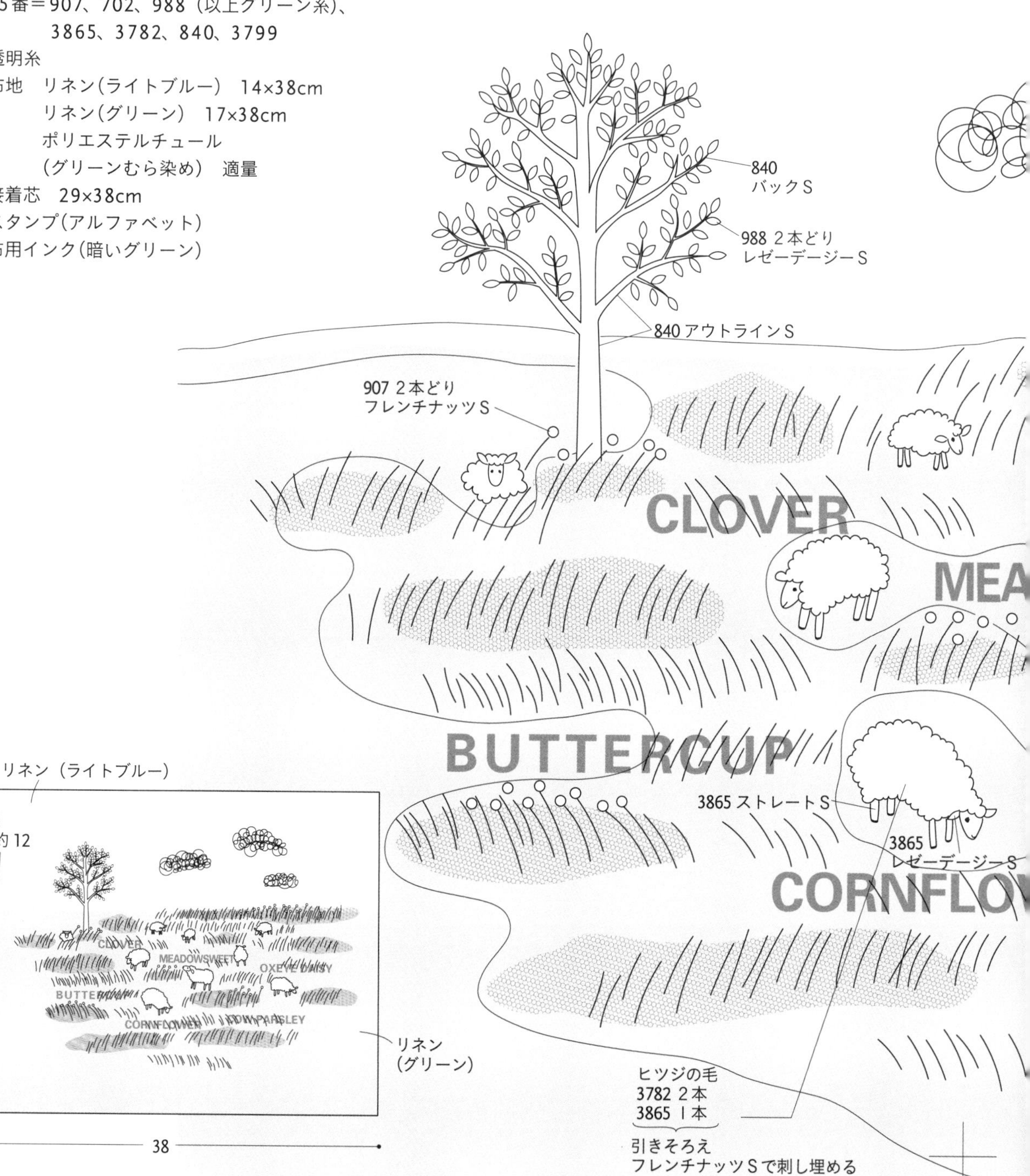

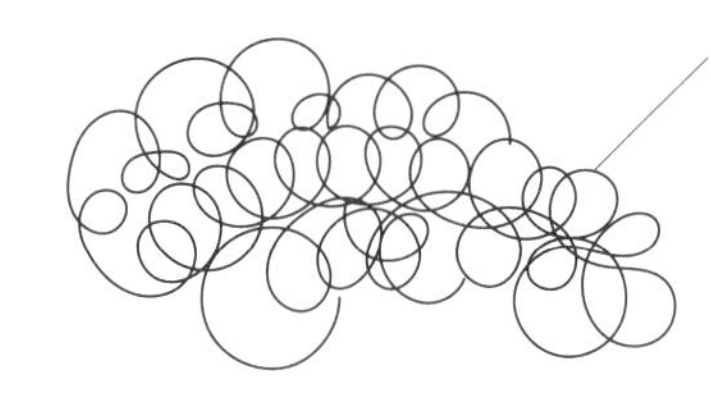

3865 1本どり
くしゅくしゅにして
雲の形にまとめ、
ミシンのフリーモーションで
とめる

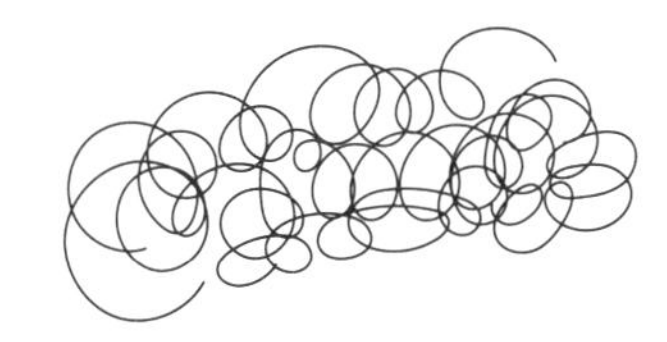

印の内側をミシンの
フリーモーションで
ステッチ

MEADOWSWEET

OXEYE DAISY

スタンプをおす
(暗いグリーンの
布用インク)

3799 1本どり
フレンチ
ナッツS

3865 サテンS
3799 ストレートS

702 2本どり
ストレートS

チュールを置いて
ミシンのフリー
モーションで
とめる

COW PARSLEY

RNFLOWER

印の内側をミシンの
フリーモーションで
ステッチ

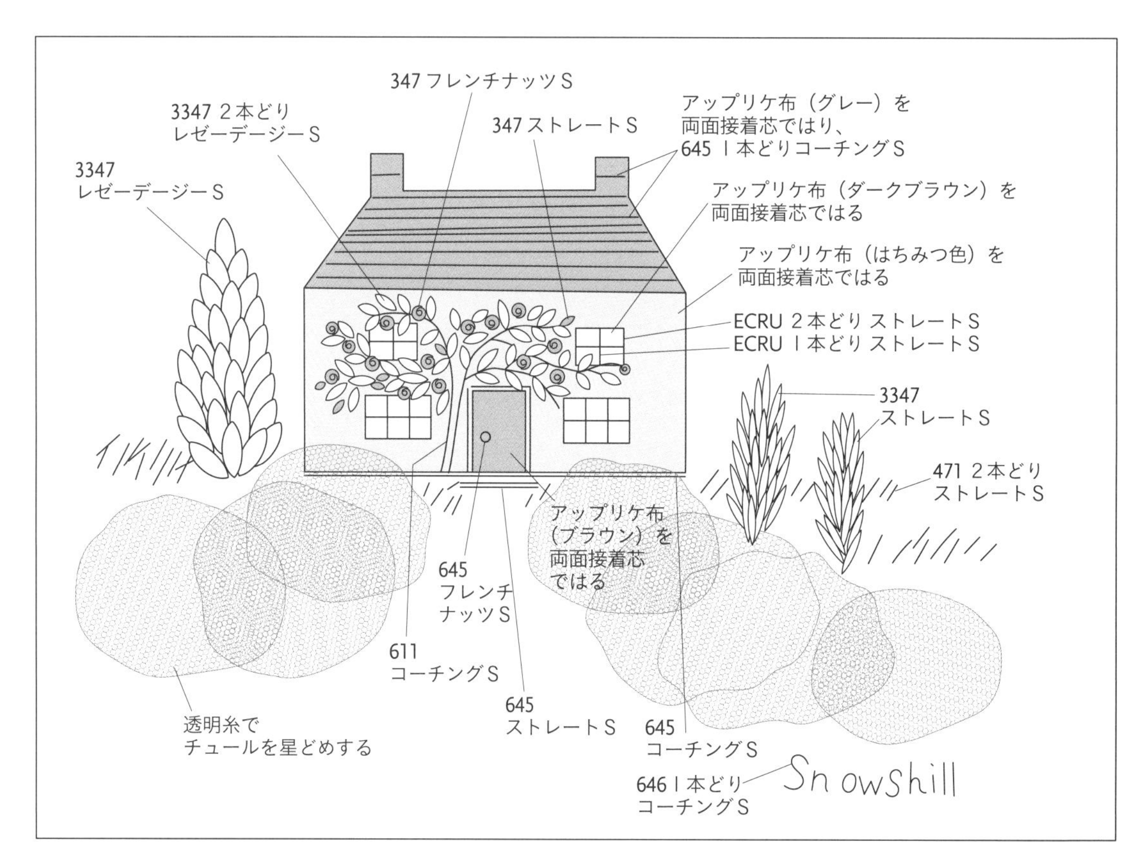

スノーズヒル

PAGE 27 左上
★図案　実物大

★材料
DMC刺しゅう糸
25番＝3347、471（以上グリーン系）、
347、ECRU、645、646、
611
透明糸
布地　リネン（白）　35×35cm
アップリケ布
（グレー、はちみつ色、ブラウン、
ダークブラウン）　各適量
ポリエステルチュール
（グリーンむら染め）　適量
接着芯　35×35cm
両面接着芯　適量
◆各アップリケ布に両面接着芯をはり、図案どおりにカットしてアイロン接着。チュールは図案どおりにカットし、透明糸で目立たないようにとめつける

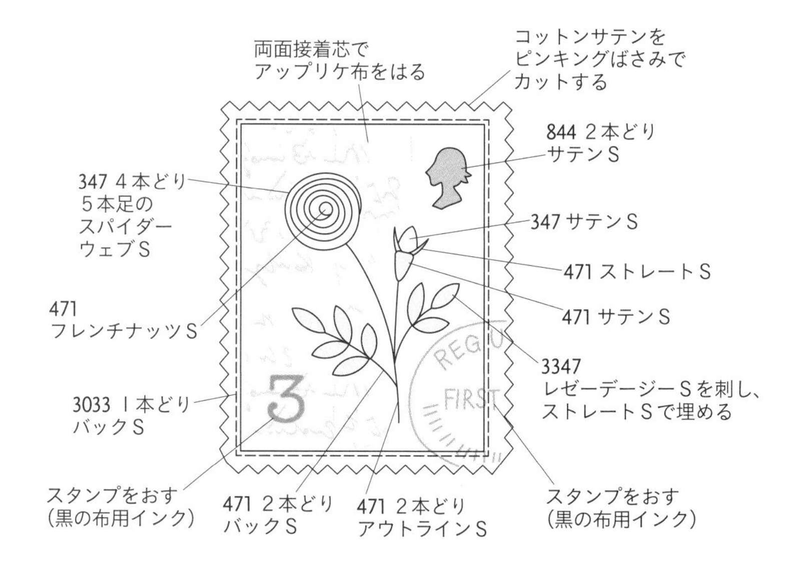

スタントン

PAGE 27 下

★図案　実物大

★材料

DMC刺しゅう糸

25番＝471、3347(以上はグリーン系)、
157、645、646

AFE麻刺しゅう糸＝L403

透明糸

布地　リネン(白)　35×30cm
アップリケ布(はちみつ色)　適量
オーガンジー(ベージュ)　適量
ポリエステルチュール
(グリーンむら染め)　適量

接着芯　35×30cm

両面接着芯　適量

チャーム(じょうろ)　1個

◆両面接着芯をはったアップリケ布を図案どおりにカットしてアイロン接着。オーガンジー、チュールは図案どおりにカットし、透明糸で目立たないようにとめつける

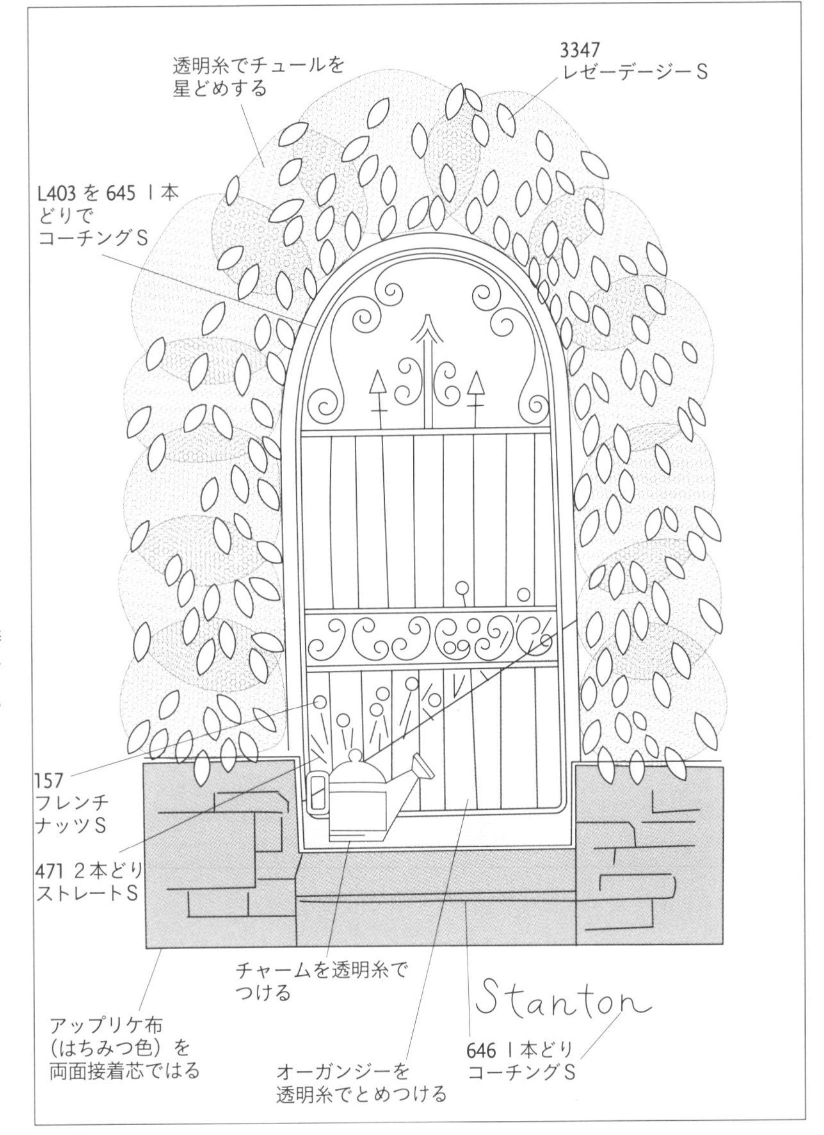

バラの切手

PAGE 27 右上

★図案　実物大

★材料

DMC刺しゅう糸

25番＝471、3347
(以上はグリーン系)、
347、844、3033

布地　中厚手コットンサテン(白)
25×25cm
アップリケ布(プリント)　適量

接着芯　25×25cm

両面接着芯　適量

スタンプ(数字、消印)

布用インク(黒)

◆両面接着芯をはったアップリケ布を図案どおりにカットしてコットンサテンにはる。刺しゅうが終わったら図案どおりに回りをピンキングばさみ(3mm幅のジグザグ)でカットする

13 ヒツジとニワトリのキッチンタオル

PAGE 29

★仕上りサイズ　60×35cm
★図案　実物大

★材料
DMC刺しゅう糸
25番＝3865、ECRU、844、347、
869
布地　リネン
（ベージュのワッフル織り）
70×40cm
薄手リネン（ベージュ）
15×40cm

◆ワッフル地は図案が写しにくいので、ピーシングペーパーに図案を写してアイロン接着。刺し終わったら、ペーパーを破り取る

製図

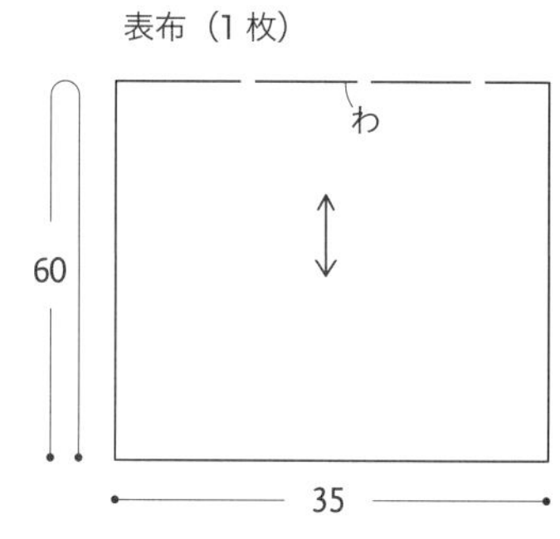

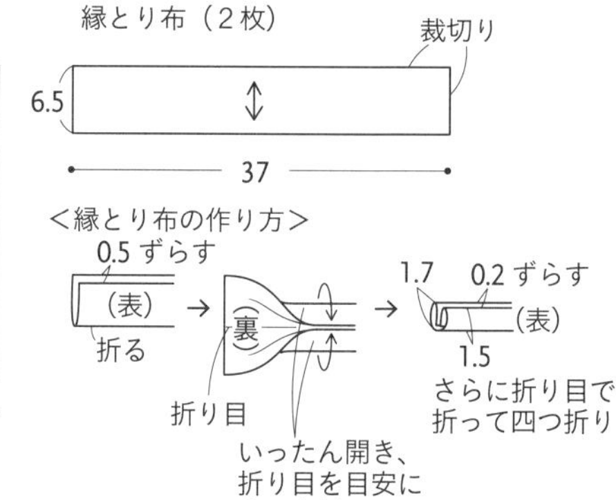

作り方

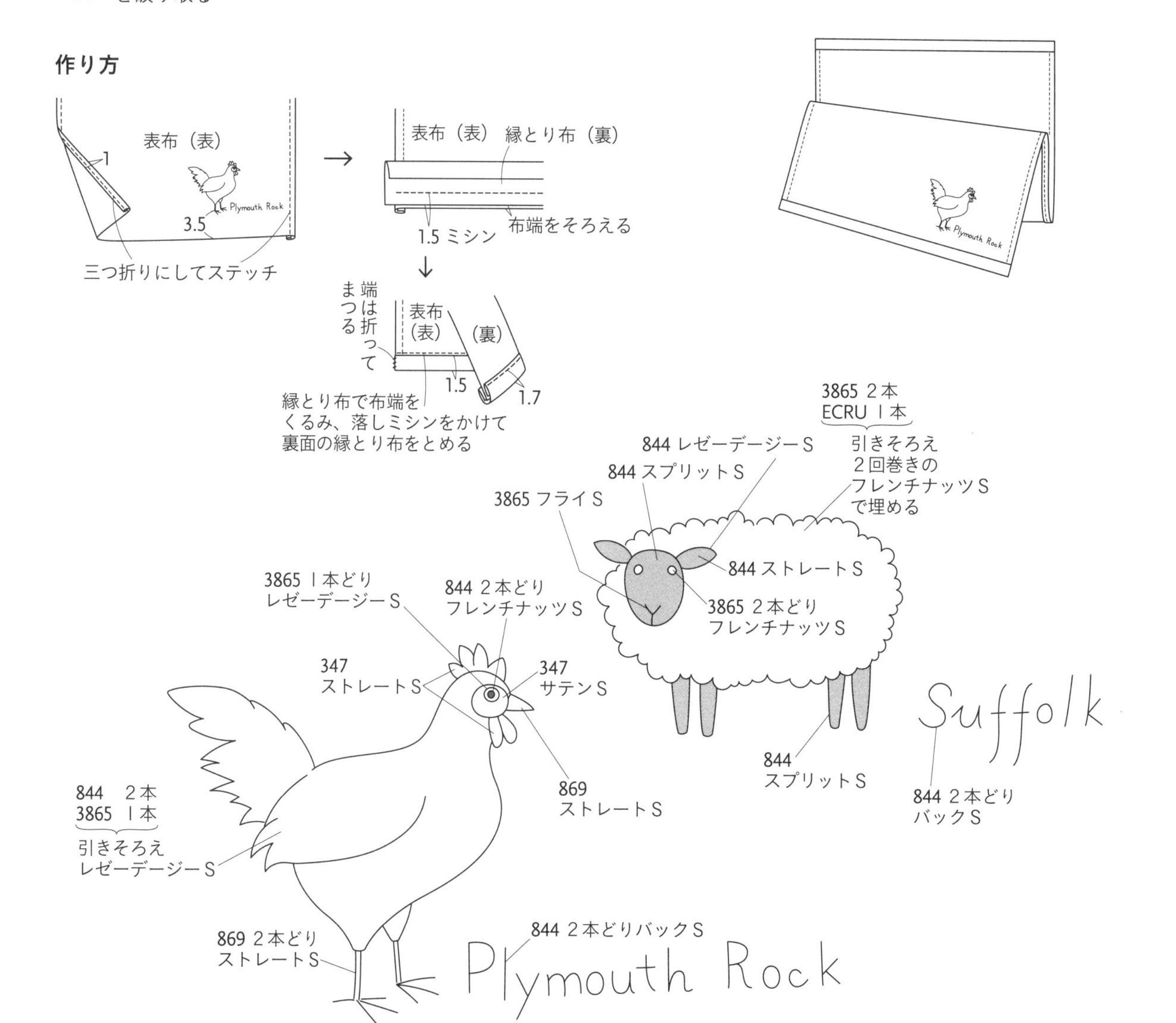

ミツバチのラベンダーサシェ

PAGE 32

★仕上りサイズ　19cm×6.5cm×まち3cm
★図案　実物大

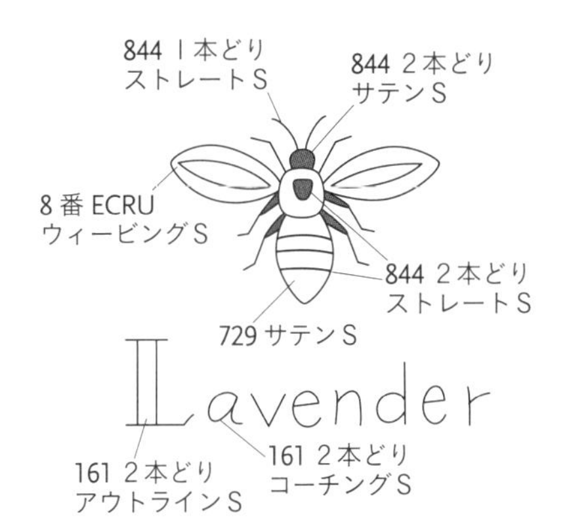

★材料
DMC刺しゅう糸
8番＝ECRU
25番＝729、844、161
布地　ハーフリネン　25×20cm
接着芯　10×10cm
リネンのトーションレース
　1cm幅20cm
リネンのリボン　1.5cm幅50cm

◆刺しゅうする部分に接着芯をはり、刺し終えたら余分な接着芯をカットしておく
◆袋にラベンダーのポプリを入れ、リボンを結ぶ

製図

表布（1枚）

4.5　9　4.5
19.5
Lavender
3　4.5　3
1.5　6　1.5
18

※外回りに縫い代を1cmつけて裁つ

作り方

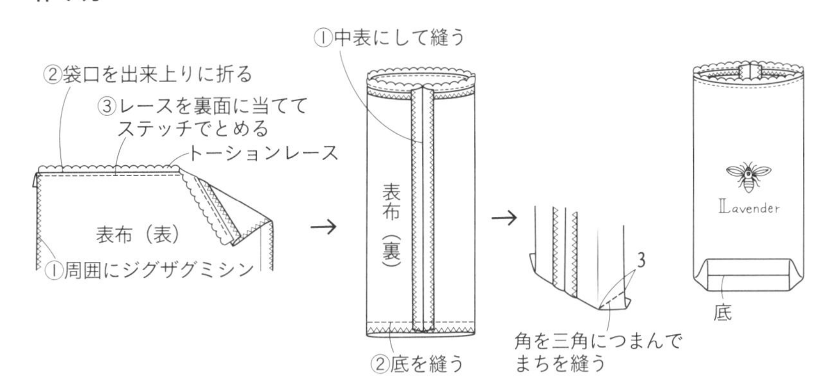

ラビットタバコ

PAGE 33

★仕上りサイズ　22.5×19.5cm
★図案　実物大

★材料
DMC刺しゅう糸
25番＝155、3807、160、522、
　　　645、3787
布地　リネン(白)　45×45cm
接着芯　45×45cm

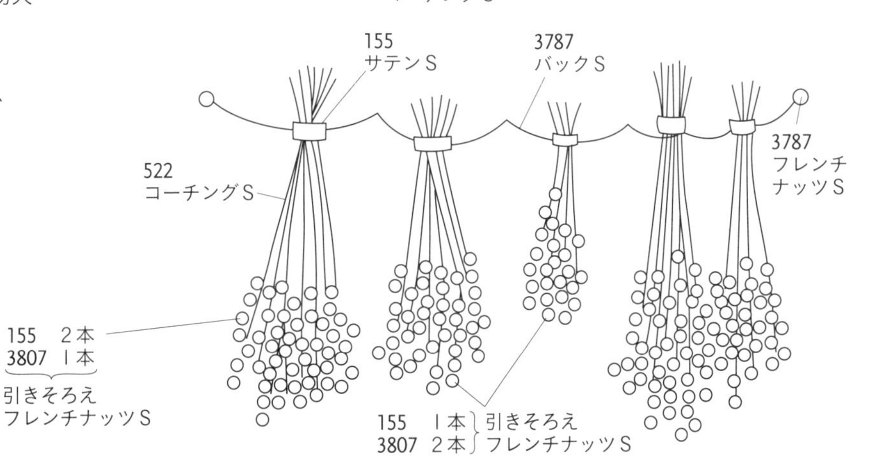

ポピーのリース

PAGE 31

★仕上りサイズ　直径25cm、幅7.5cm
★図案　実物大

★材料

DMC刺しゅう糸
5番＝989
25番＝989、988、368、3347、320（以上グリーン系）、
350、347、435、3865、793、3799、
3033（ループ用のフェルトに近い色）

布地　ハーフリネン　40×40cm
接着芯　40×40cm
キルト芯　30×30cm
フェルト（ベージュ）　30×30cm
リネンのトーションレース
0.8cm幅を85cm
パネル　30×30cm
速乾性接着剤（水性タイプ）

製図

表布（1枚）
10
25

キルト芯、パネル、
フェルト（各1枚）
10.4
24.6

作り方

2.5 折り代
②折り代をつけてカット
①裏に接着芯をはり、表に刺しゅう
③ぐし縫い
1.5 折り代
折り代に切込み
表布（表）
④ドーナツ型にカットしたパネルに同寸のキルト芯を重ね、さらに表布を重ねる
パネル
キルト芯

0.2 出す
①内周の折り代を裏面に折って接着剤ではりつける
レース
パネル
②ぐし縫いの糸を引いて絞る
③レースの端が外側に0.2 出るように、外回りに接着剤ではりつける

①フェルトをドーナツ型にカットしたものに、つり下げ用のループを作る
3
フェルト
3033 6本どりでかぎ針を使用して鎖編み
②外周と内周のへりに接着剤をつけてフェルトをはりつける

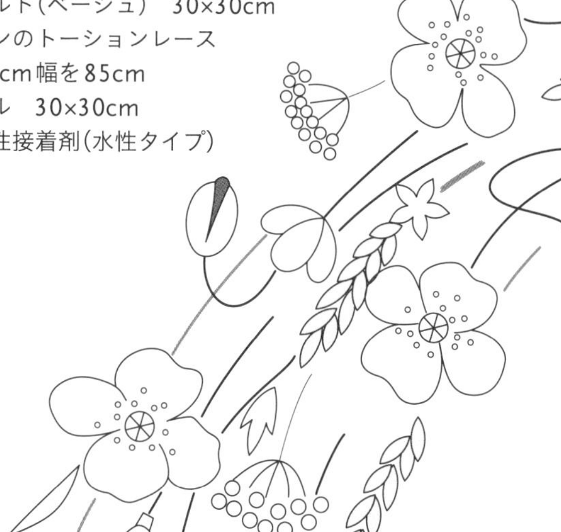

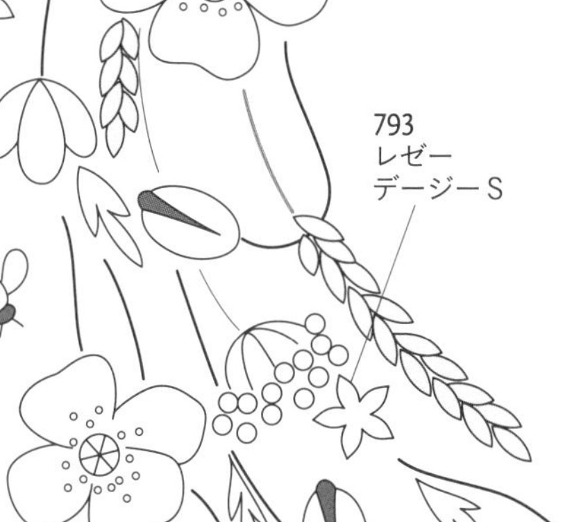

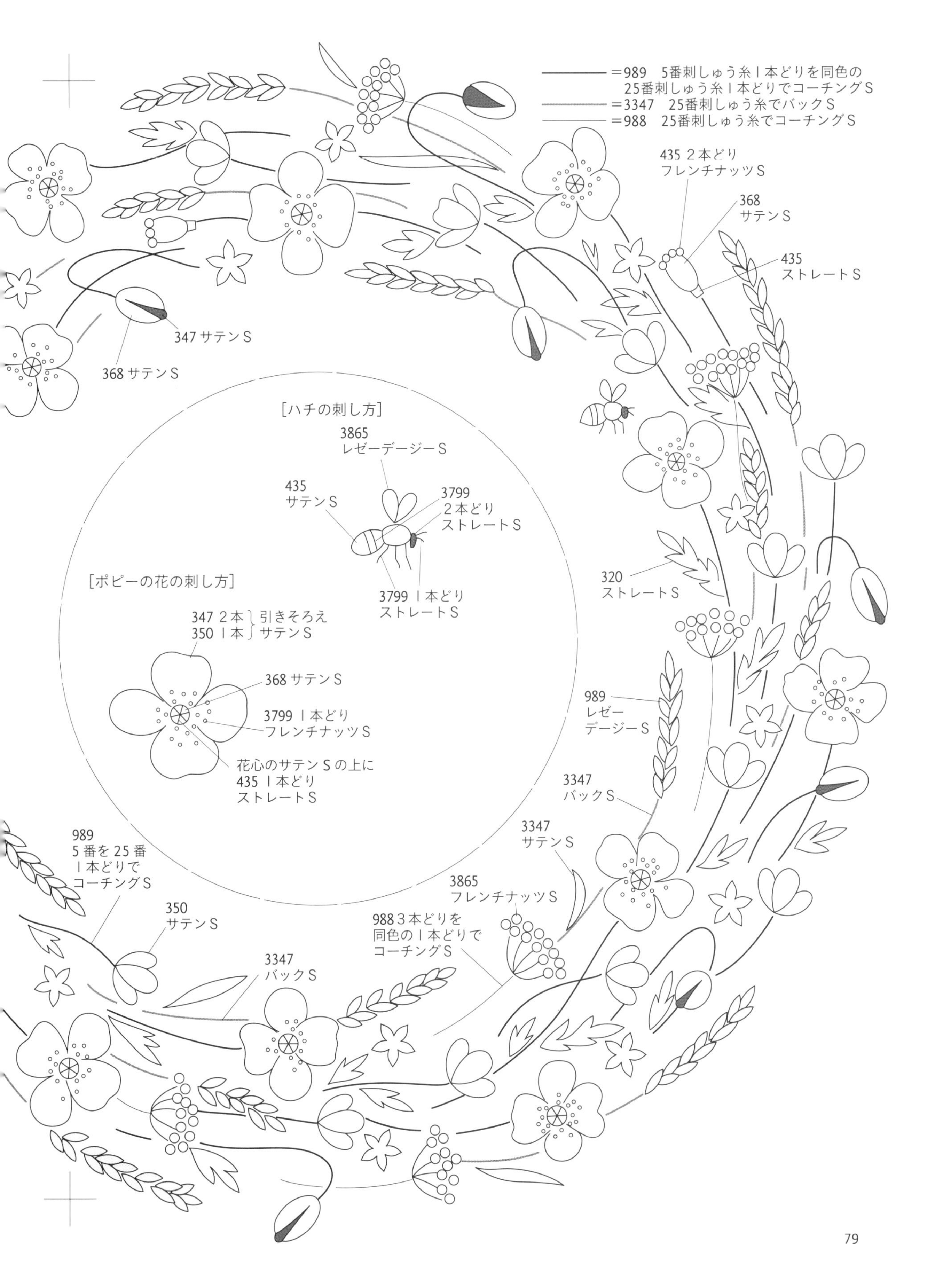
＝989　5番刺しゅう糸１本どりを同色の
25番刺しゅう糸１本どりでコーチングＳ
＝3347　25番刺しゅう糸でバックＳ
＝988　25番刺しゅう糸でコーチングＳ
435 2本どり
フレンチナッツＳ
368
サテンＳ
435
ストレートＳ
347 サテンＳ
368 サテンＳ
[ハチの刺し方]
3865
レゼーデージーＳ
435
サテンＳ
3799
2本どり
ストレートＳ
3799 1本どり
ストレートＳ
[ポピーの花の刺し方]
347 2本
350 1本
引きそろえ
サテンＳ
368 サテンＳ
3799 1本どり
フレンチナッツＳ
花心のサテンＳの上に
435 1本どり
ストレートＳ
320
ストレートＳ
989
レゼー
デージーＳ
3347
バックＳ
3347
サテンＳ
3865
フレンチナッツＳ
988 3本どりを
同色の1本どりで
コーチングＳ
989
5番を25番
1本どりで
コーチングＳ
350
サテンＳ
3347
バックＳ

14 ポピーのボーダー

PAGE 30

★刺しゅうサイズ　約8.5×36cm

★図案　125%に拡大して使用

★材料

DMC刺しゅう糸

5番＝989

25番＝989、368、

320（以上グリーン系）、

347、435、472、3731、3799

布地　リネン（白）　50×65cm

接着芯　50×65cm

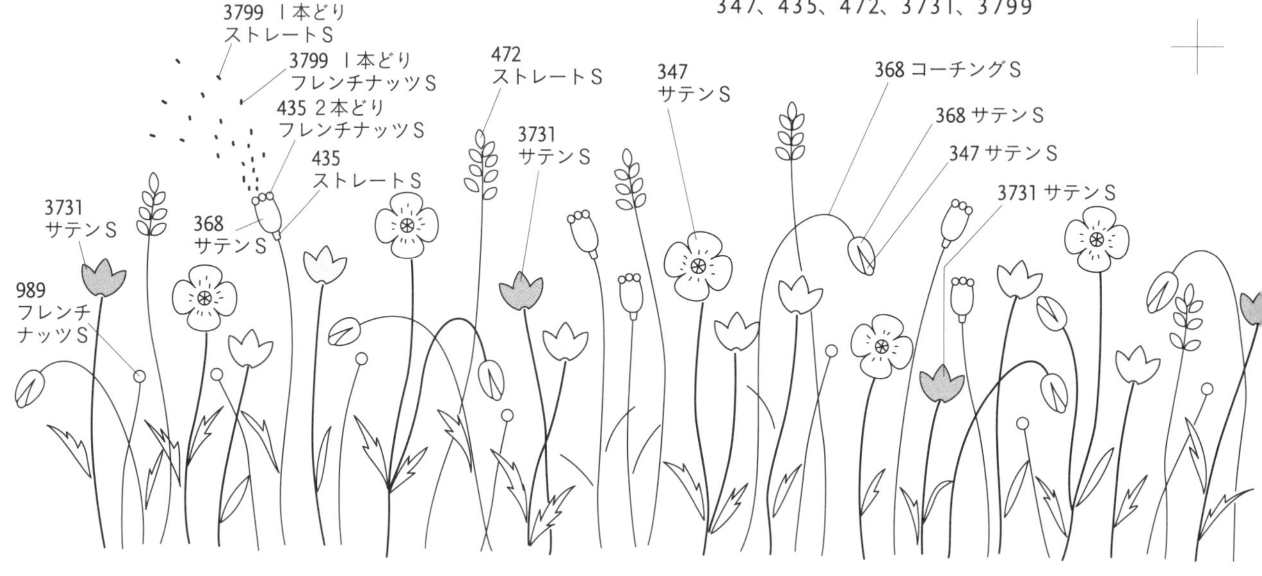

野の花のボーダーと動物たち

PAGE 2,82

★刺しゅうサイズ　約6×31.5cm

★図案　実物大

★材料はp.82

────── ＝5番刺しゅう糸1本どりを同色の25番刺しゅう糸1本どりでコーチングS

────── ＝25番刺しゅう糸2本どりでアウトラインS

────── ＝25番刺しゅう糸2本どりでストレートS

────── ＝25番刺しゅう糸1本どりでコーチングS

3688 ストレートS

3347 コーチングS

3347 ストレートS

156
ストレートS
フレンチナッツS

3828
フレンチナッツS

3840
2本どり
ストレートS

3799
2本どり
フレンチナッツS

989
1本どり
ストレートS

3894
ストレートSを
2回重ねる

3799 2本どり
フレンチナッツS

3827
ストレートS

3689
フレンチ
ナッツS

3822
サテンS

3781 2本どり
ストレートS
レゼーデージーS

3782 スプリットS

3782
3781
822

各1本を
引きそろえ
スプリットS

3347
ストレートS

989

3799
1本どり
フレンチ
ナッツS

3822
スプリットS

822
スプリットS

989

989

3347

3822
2回巻きの
フレンチナッツS

3827
ストレートS

3827
1本どり
ストレートS

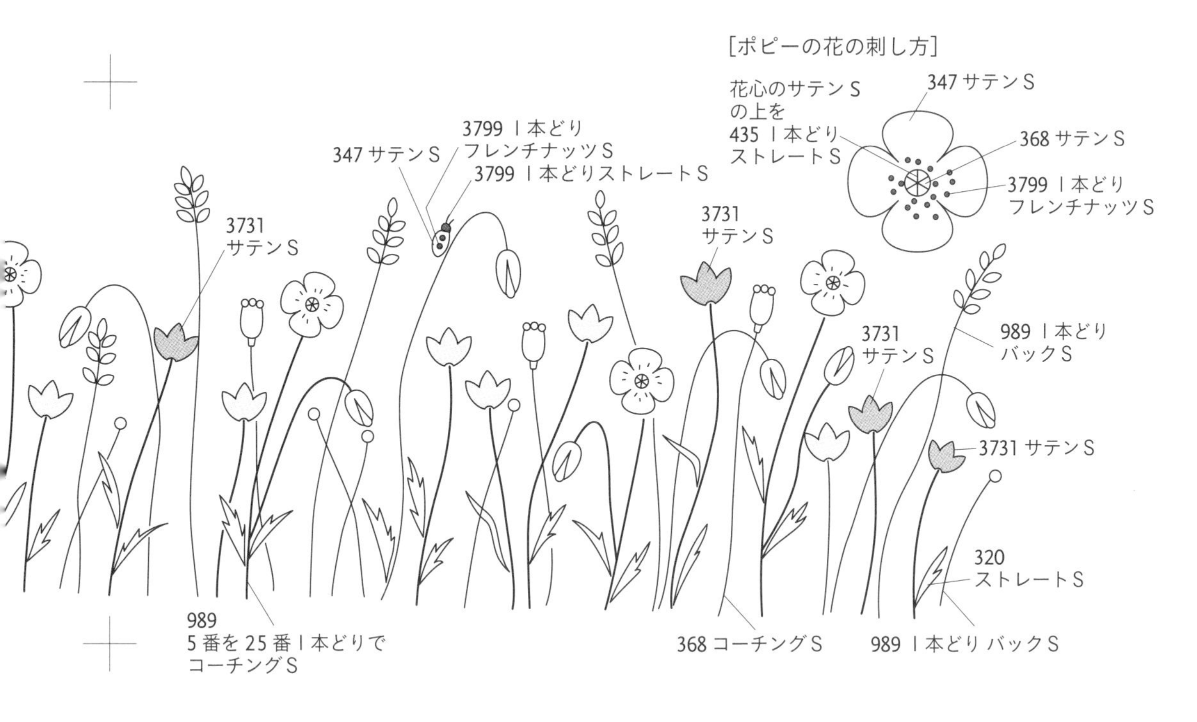
[ポピーの花の刺し方]
花心のサテンS
の上を
435 1本どり
ストレートS
347 サテンS
368 サテンS
3799 1本どり
フレンチナッツS
347 サテンS
3799 1本どり
フレンチナッツS
3799 1本どりストレートS
3731
サテンS
3731
サテンS
3731
サテンS
989 1本どり
バックS
3731 サテンS
320
ストレートS
989
5番を25番1本どりで
コーチングS
368 コーチングS
989 1本どり バックS

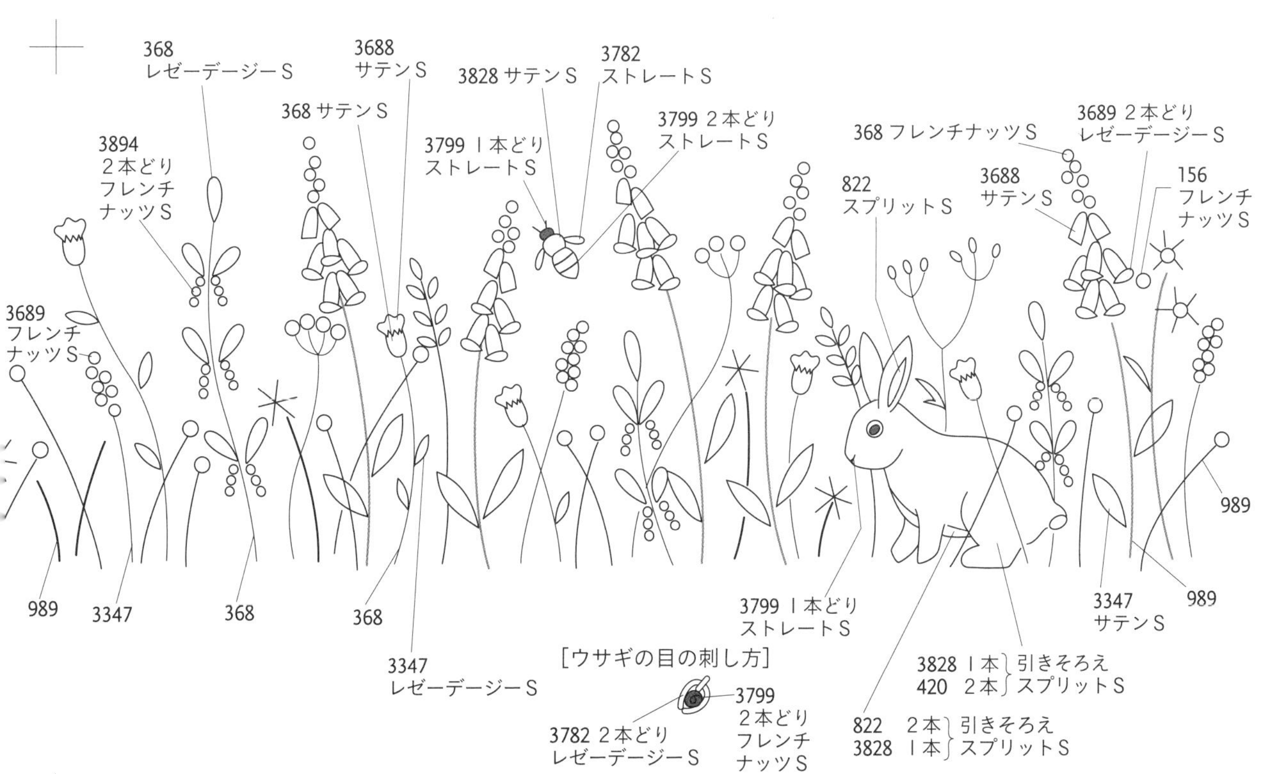
368
レゼーデージーS
3688
サテンS
3828 サテンS
3782
ストレートS
368 サテンS
3799 2本どり
ストレートS
3799 1本どり
ストレートS
3894
2本どり
フレンチ
ナッツS
368 フレンチナッツS
3689 2本どり
レゼーデージーS
822
スプリットS
3688
サテンS
156
フレンチ
ナッツS
3689
フレンチ
ナッツS
989
989
3347
368
368
3799 1本どり
ストレートS
3347
サテンS
989
3347
レゼーデージーS
[ウサギの目の刺し方]
3799
2本どり
フレンチ
ナッツS
3782 2本どり
レゼーデージーS
3828 1本
420 2本
引きそろえ
スプリットS
822 2本
3828 1本
引きそろえ
スプリットS

Contents

野の花のボーダーと動物たち

PAGE 2,80

☆材料

DMC刺しゅう糸
5番＝989
25番＝989、368、3347、
　　3894（以上グリーン系）、
　　3822、3827、3689、3688、
　　3840、156、3828、420、
　　3782、3781、822、3799
布地　リネン(白)　50×65cm
接着芯　50×65cm

アンティークのポット

PAGE 35 下

☆図案　実物大

☆材料

DMC刺しゅう糸
25番＝3828、522、502、932、
　　646、4210（カラーバリエーション段染め）
透明糸
布地　中厚手コットンサテン(白)
　　30×35cm
　　ポリエステルチュール
　　（ブルーグレー）　適量
接着芯　30×35cm
速乾性接着剤(水性タイプ)
ペーパータグ　1枚

◆チュールはずらして重ね、透明糸で目立たないようにとめつける
◆刺し終わったら仕上げアイロンのあとで粗裁ちをして、周囲に接着剤を薄く塗り、乾いたら図案どおりにカット
◆Tea potの文字を書き入れたペーパータグを持ち手につける

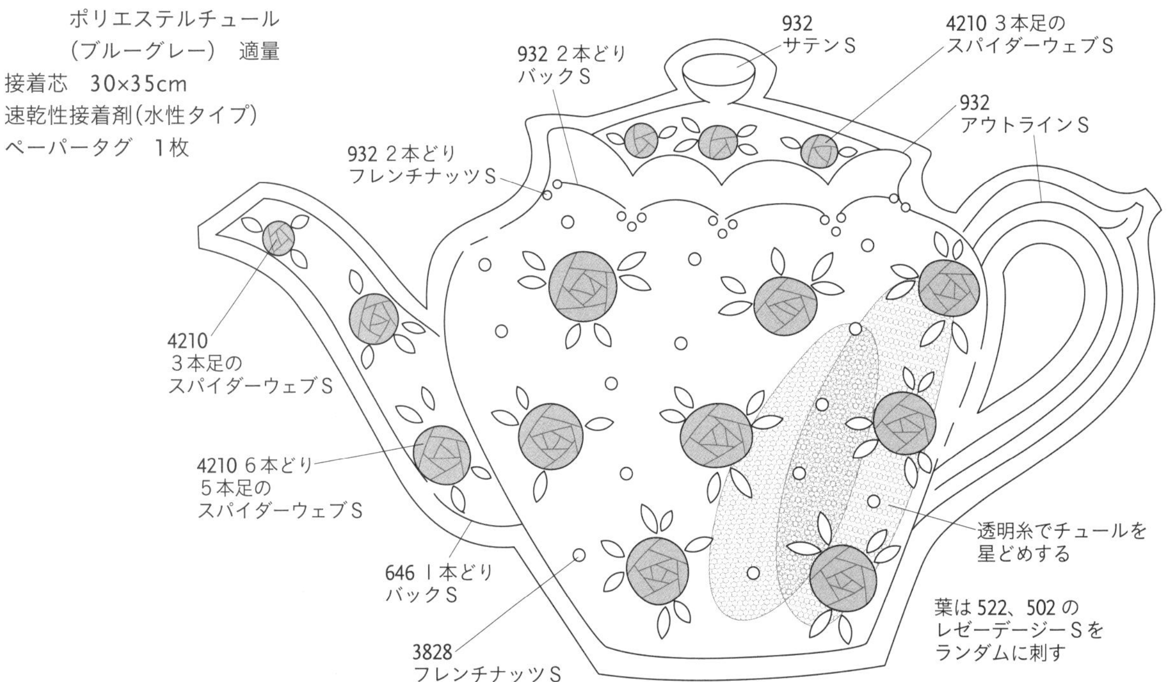

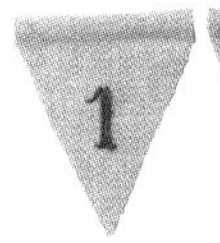

アンティークのクリーマー

PAGE 35 上

★図案　実物大

★材料

DMC刺しゅう糸

25番＝977、3828、3712、
160、522、646

透明糸

布地　中厚手コットンサテン(白)
25×30cm
ポリエステルチュール
(ブルーグレー)　適量

接着芯　25×30cm

速乾性接着剤(水性タイプ)

ペーパータグ　1枚

◆チュールは目立たないように透明糸でとめつける

◆刺し終わったら仕上げアイロンのあとで粗裁ちをして、周囲に薄く接着剤を塗り、乾いたら図案どおりにカット

◆Creamerの文字を書き入れたペーパータグを持ち手につける

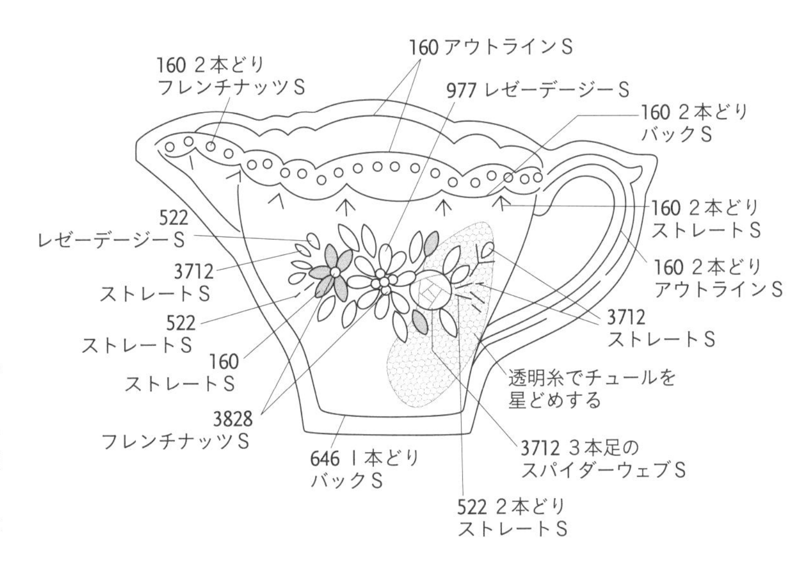

アンティークのカップ

PAGE 35 中

★図案　実物大

★材料

DMC刺しゅう糸

25番＝3727、3712、3822、3752、
522、502、ECRU、646

透明糸

布地　中厚手コットンサテン(白)
30×30cm
ポリエステルチュール
(ブルーグレー)　適量

接着芯　30×30cm

速乾性接着剤(水性タイプ)

ペーパータグ　1枚

◆チュールはずらして重ね、透明糸で目立たないようにとめつける

◆刺し終わったら仕上げアイロンのあとで粗裁ちをして、周囲に薄く接着剤を塗り、乾いたら図案どおりにカット

◆Tea cupの文字を書き入れたペーパータグを持ち手につける

17 野菜のキッチンポケット

PAGE 37

★仕上りサイズ　27×23cm

★図案　実物大

★材料

DMC刺しゅう糸

5番＝471

25番＝471、3348、988、320、368、
704（以上グリーン系）、
712、347、3772、844

布地　表布＝ハーフリネン　35×50cm
　裏布＝コットン(ストライプ)　35×55cm

接着芯　（中厚手）35×50cm、（厚手）5×21cm

S字フック　2個(作品は6.5×4cmを使用)

製図

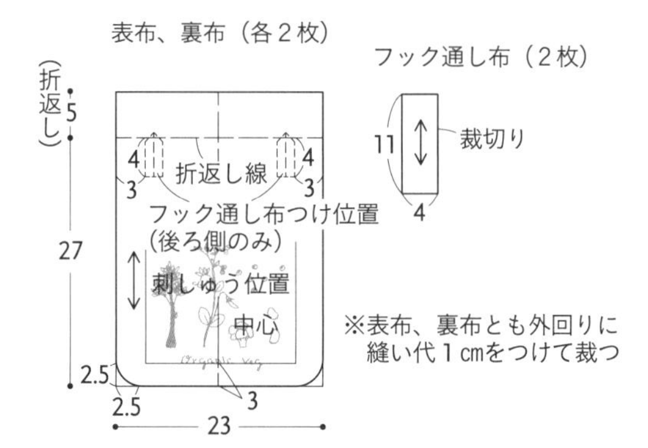

作り方

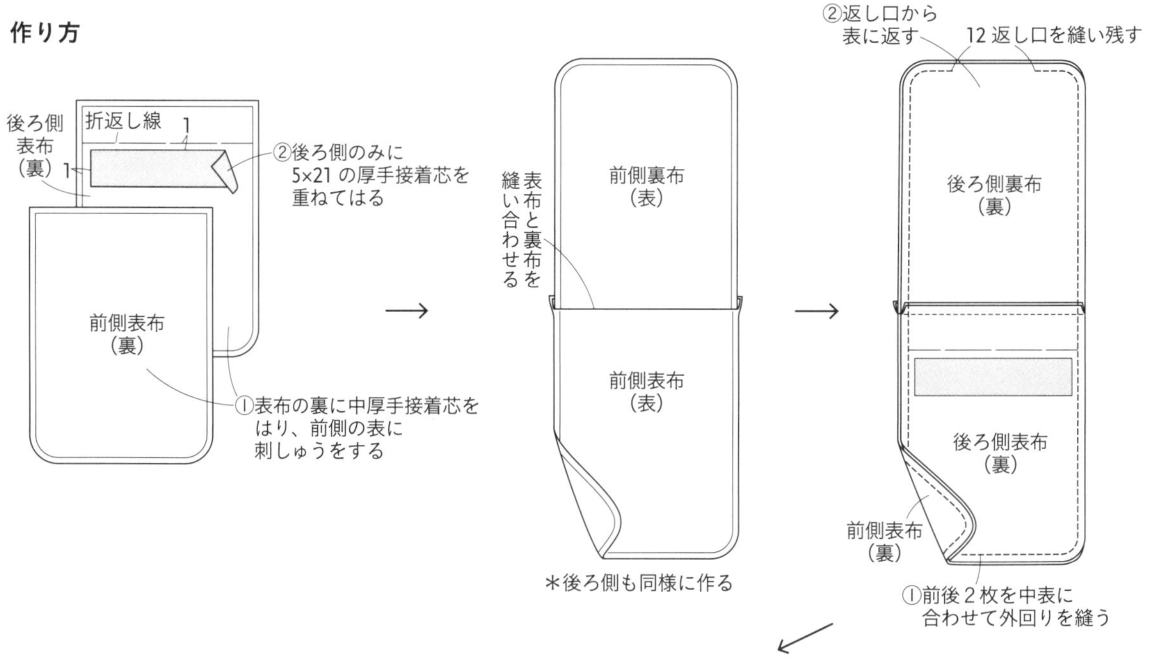

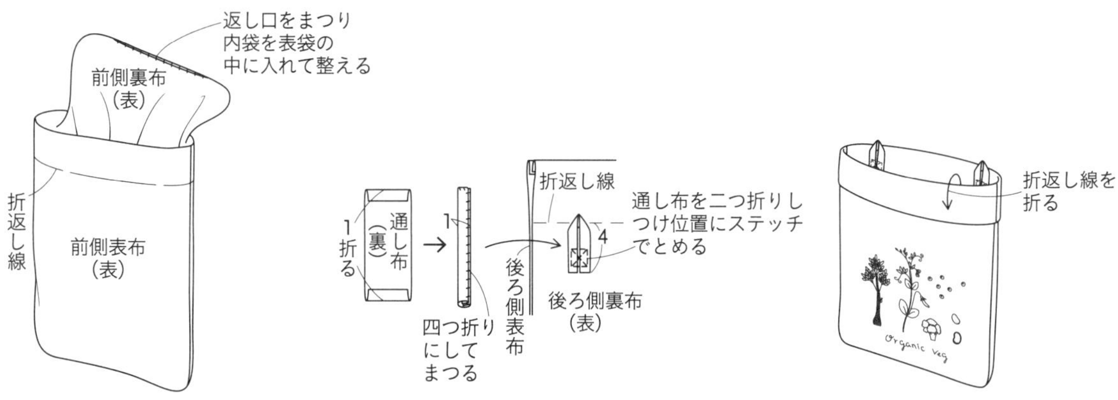

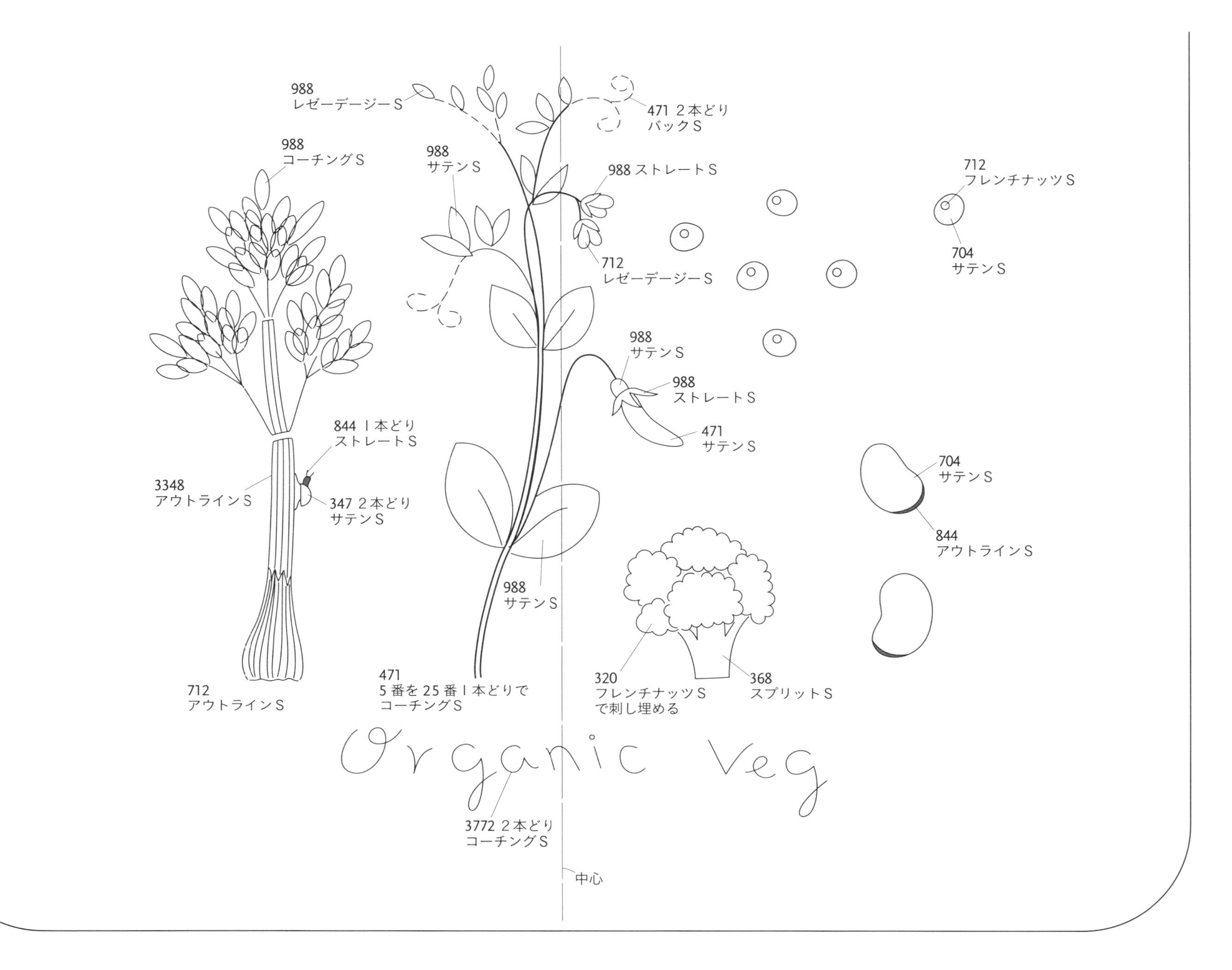
988
レゼーデージーS
471 2本どり
バックS
988
コーチングS
988
サテンS
988 ストレートS
712
フレンチナッツS
712
レゼーデージーS
704
サテンS
988
サテンS
988
ストレートS
844 1本どり
ストレートS
471
サテンS
3348
アウトラインS
347 2本どり
サテンS
704
サテンS
844
アウトラインS
988
サテンS
712
アウトラインS
471
5番を25番1本どりで
コーチングS
320
フレンチナッツS
で刺し埋める
368
スプリットS
Organic Veg
3772 2本どり
コーチングS
中心

1 8

アンティークのキッチン道具

PAGE 39
★仕上りサイズ　約34×27cm
★図案　実物大

土台布、A
★材料
DMC刺しゅう糸
25番＝844、3865
布地　リネン(白) 45×40cm
寒冷紗　9×10cm、
プリント布　7×6cm
接着芯　45×40cm
アクリル絵の具(ホワイト)
速乾性接着剤(水性タイプ)

◆下準備
土台布の裏に接着芯をはり、寒冷紗、プリント布をミシンのフリーモーションで縫いとめ、アクリル絵の具を全体に塗る。刺しゅうをするところは薄めに、そのほかはしっかりと塗る

◆まとめ方
土台布にA、指定の布にB～Dをそれぞれ刺しゅうする。B～Dを図案どおりにカットし、配置図を参照して接着剤で上部3分の1を土台布にはる

◆図案の写し方
B～Dの小さな文字が写しにくい場合は、消せるボールペンで下書きをし、刺しゅうをしたあとに温風ドライヤーで下書きを消す

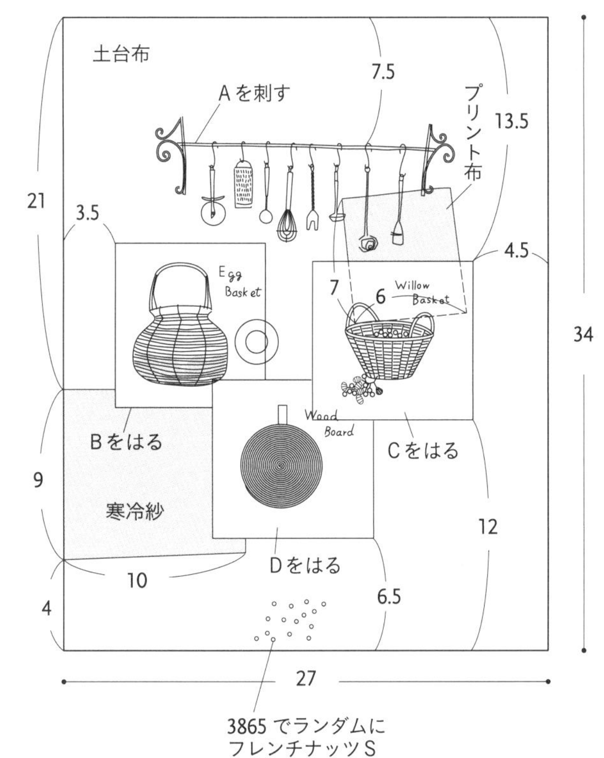

C
★材料
DMC刺しゅう糸
25番＝420、780、3013、3722、
3726、844
布地　リネン(ベージュ) 30×30cm
接着芯　30×30cm
速乾性接着剤(水性タイプ)
◆刺し終わったらアイロン仕上げのあとで粗裁ちをして周囲に接着剤を薄く塗り、乾いたら図案どおりにカットする

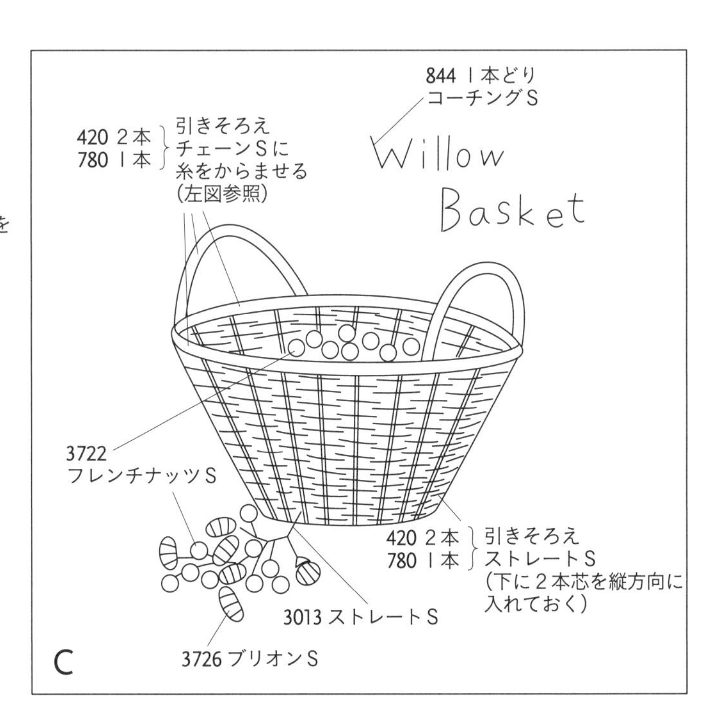

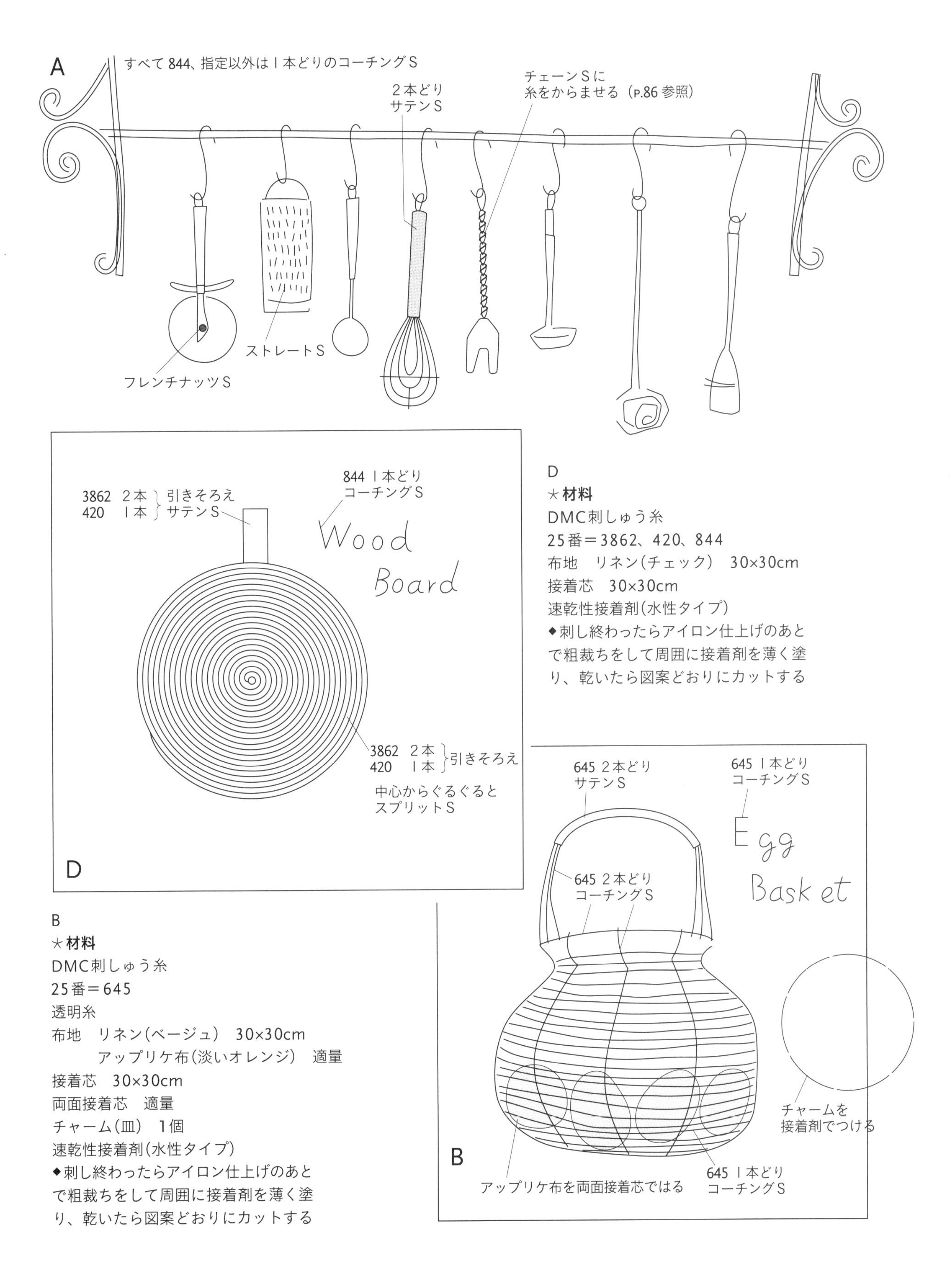

D
★**材料**
DMC刺しゅう糸
25番＝3862、420、844
布地　リネン(チェック)　30×30cm
接着芯　30×30cm
速乾性接着剤(水性タイプ)
◆刺し終わったらアイロン仕上げのあとで粗裁ちをして周囲に接着剤を薄く塗り、乾いたら図案どおりにカットする

B
★**材料**
DMC刺しゅう糸
25番＝645
透明糸
布地　リネン(ベージュ)　30×30cm
　　　アップリケ布(淡いオレンジ)　適量
接着芯　30×30cm
両面接着芯　適量
チャーム(皿)　1個
速乾性接着剤(水性タイプ)
◆刺し終わったらアイロン仕上げのあとで粗裁ちをして周囲に接着剤を薄く塗り、乾いたら図案どおりにカットする

19

アンティークのガラス瓶

PAGE 41

★仕上りサイズ　26×30.5cm
★図案　実物大

★材料
DMC刺しゅう糸
5番＝989
25番＝989、988、369、3821、ECRU、646、645
透明糸
布地　リネン(白)　35×40cm
　　寒冷紗　約8.5×12.5cm
　　プリント布　約3.5×3.5cm、3.5×9.5cm
　　オーガンジー(イエローグリーン、明るいグリーン、暗いグリーン)　各適量
　　ポリエステルチュール(暗いグリーン)　適量
接着芯　35×40cm
チャーム(ハート形)　1個
切手　1枚
アクリル絵の具(ホワイト)
速乾性接着剤(水性タイプ)

◆下準備
リネンに接着芯をはり、寒冷紗、プリント布をミシンのフリーモーションで縫いとめ、アクリル絵の具を全体に塗る。刺しゅうをするところは薄めに、そのほかはしっかりと厚めに塗る

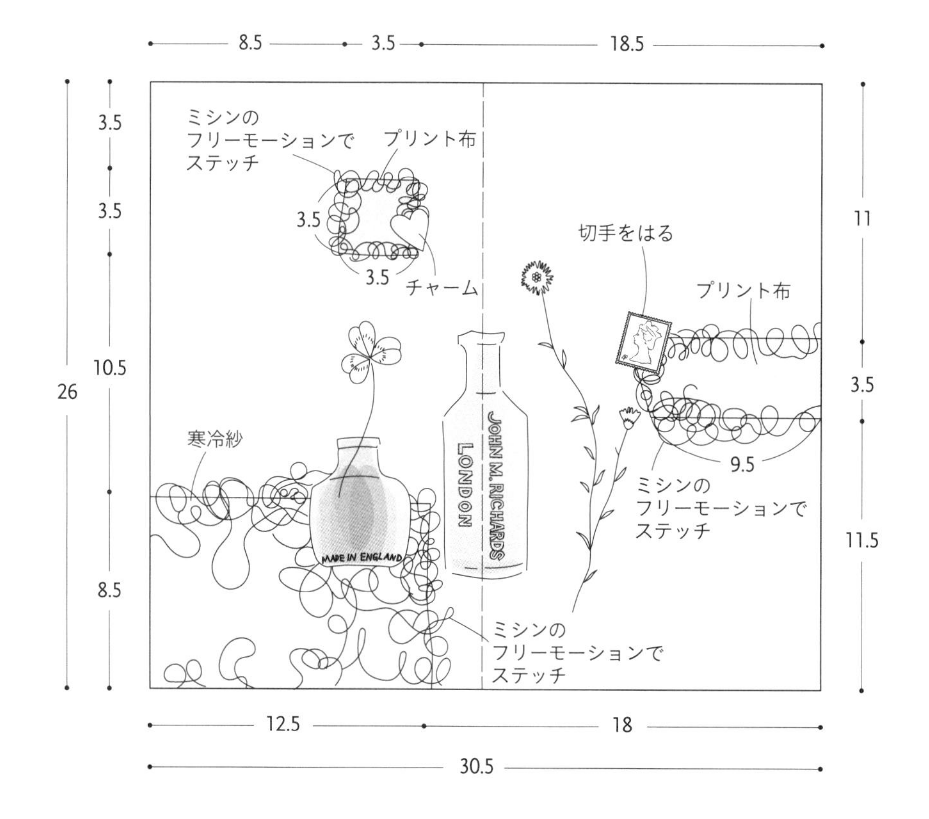

ミシンの
フリーモーションで
ステッチ
接着剤で
チャームをつける
プリント布
ECRU ストレートS
3821 フレンチナッツS
989
5番を25番1本どりで
コーチングS
切手
4d
プリント布
ECRU
ストレートS
989
サテンS
ミシンの
フリー
モーションで
ステッチ
988 2本どり
アウトラインS
645 1本どり
コーチングS
太線部分を
646 1本どり
ストレートS
(オーガンジーの
上から
刺しゅうする)
JOHN M. RICHARDS
LONDON
図案を写した
印を消さずに
オーガンジーを
重ねる
646 1本どり
コーチングS
イエローグリーンの
オーガンジーを重ね、
透明糸で星どめする
土台布に図案を写し、
オーガンジーを重ね、
太線部分だけに
刺しゅうをする
988 サテンS
369
ストレートS
989
5番を25番1本どりで
コーチングS
645 1本どり
コーチングS
645 1本どり
コーチングS
チュール
MADE IN ENGLAND
明るいグリーンに暗いグリーンの
オーガンジー、暗いグリーンの
チュールを重ね、
透明糸で星どめする
ミシンの
フリーモーションで
ステッチ
寒冷紗

20

ソーイングケース

PAGE 42

★仕上りサイズ　23×36cm（広げたサイズ）
★図案、パターン　125%に拡大して使用する

★材料

DMC刺しゅう糸
8番＝ECRU
25番＝729、844、ECRU
布地　ハーフリネン　40×80cm
フェルト（またはウール）　10×20cm
接着芯　25×80cm
ドミット芯　10×20cm
リネンテープ　2cm幅を85cm

製図

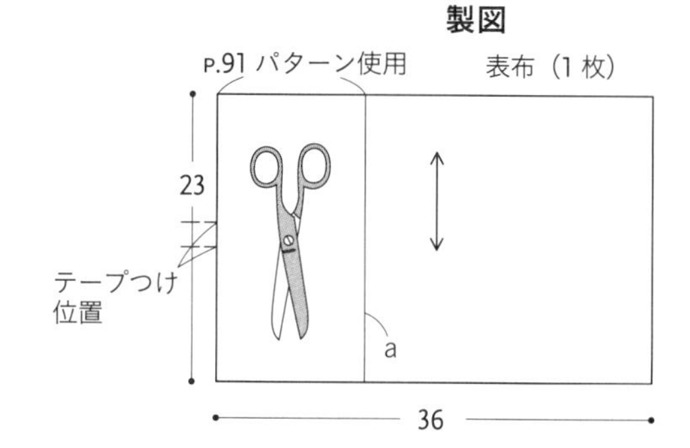

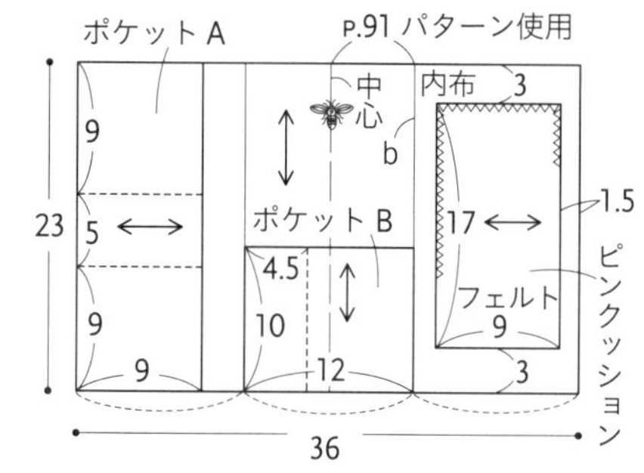

作り方

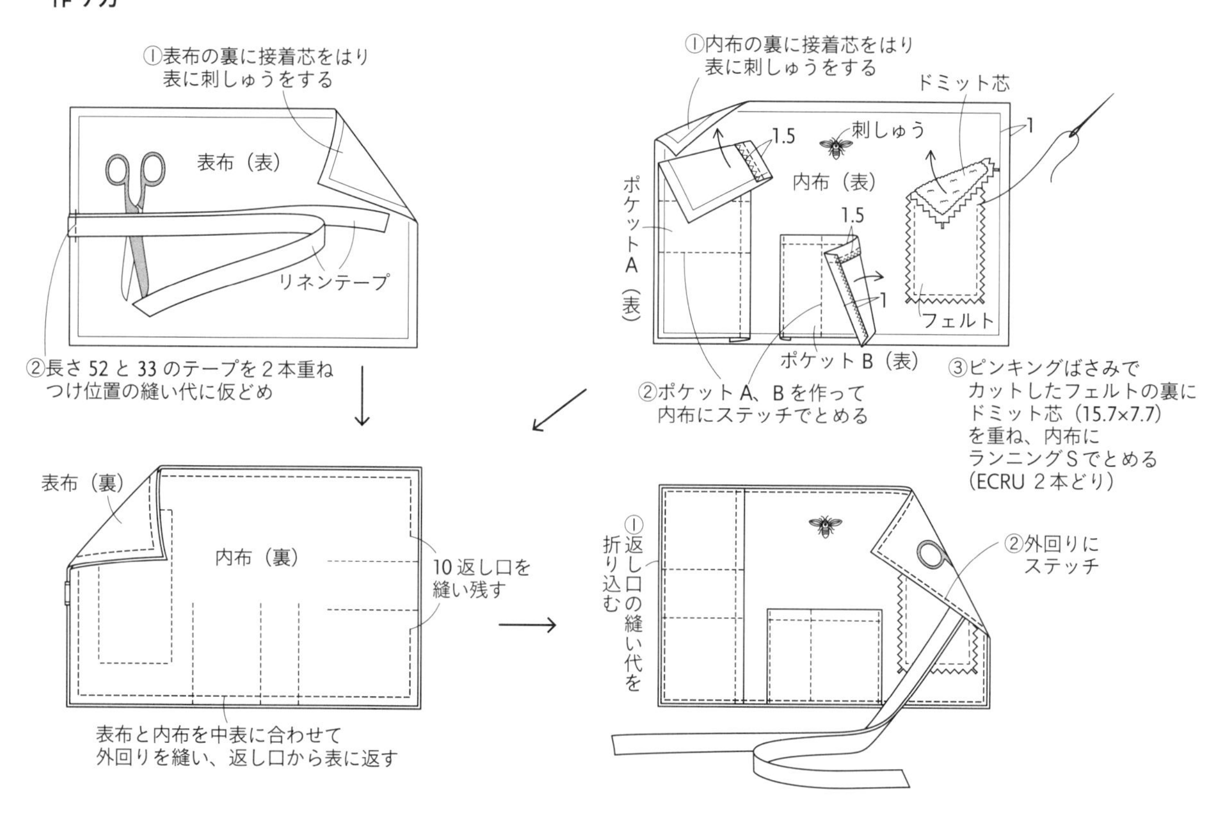

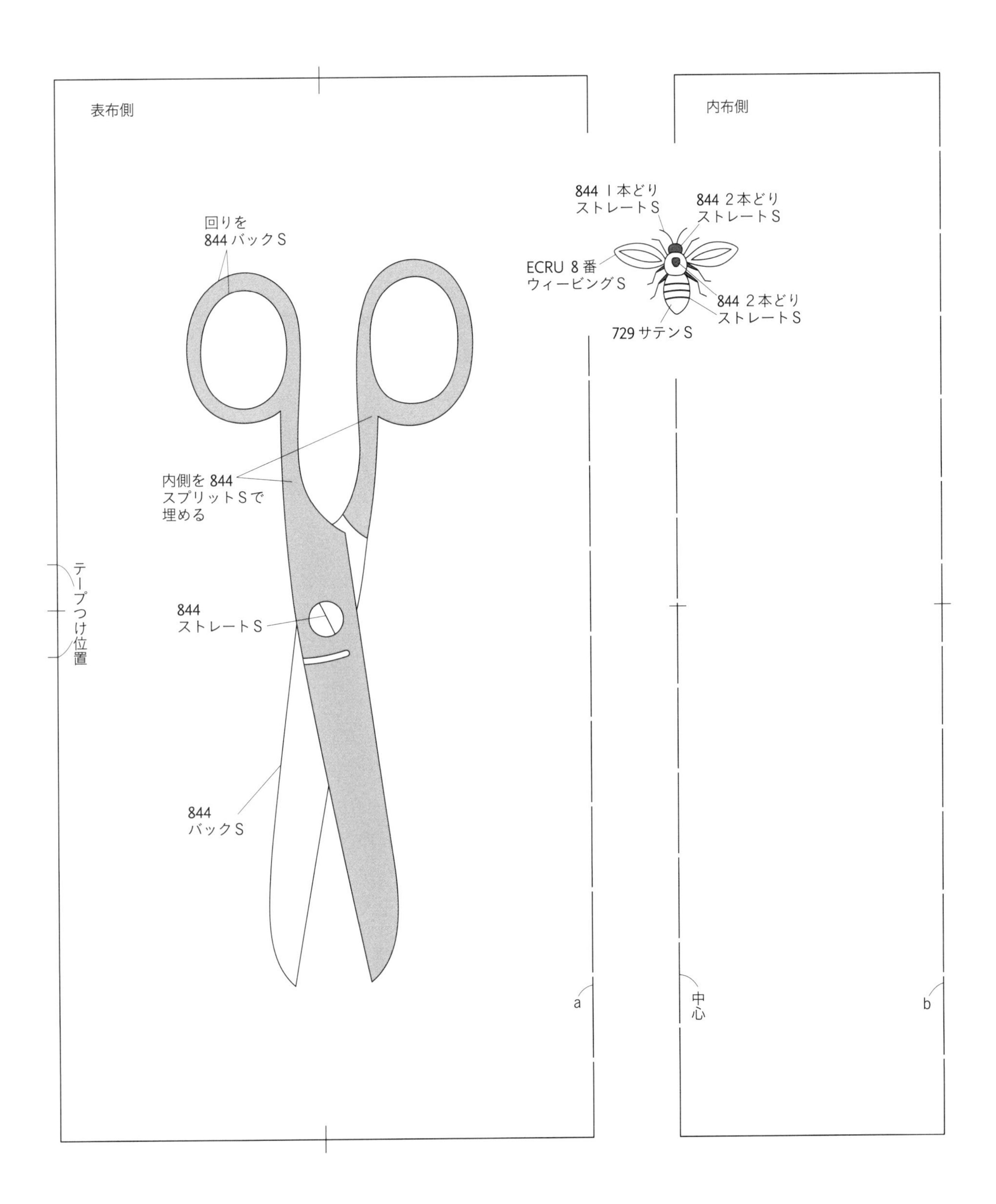
表布側
内布側
844 1本どり
ストレートS
844 2本どり
ストレートS
回りを
844 バックS
ECRU 8番
ウィービングS
844 2本どり
ストレートS
729 サテンS
内側を 844
スプリットSで
埋める
テープつけ位置
844
ストレートS
844
バックS
a
中心
b

ブルージャケット

PAGE 14

⋆図案 実物大

⋆材料

DMC刺しゅう糸

25番＝3755、931

布地　中厚手コットンサテン(白)

　　20×20cm

接着芯　20×20cm

メタルビーズ　3個

速乾性接着剤(水性タイプ)

◆刺し終わったら仕上げアイロンのあとでビーズを縫いつける。粗裁ちをして周囲に接着剤を薄く塗り、乾いたら図案どおりにカットする

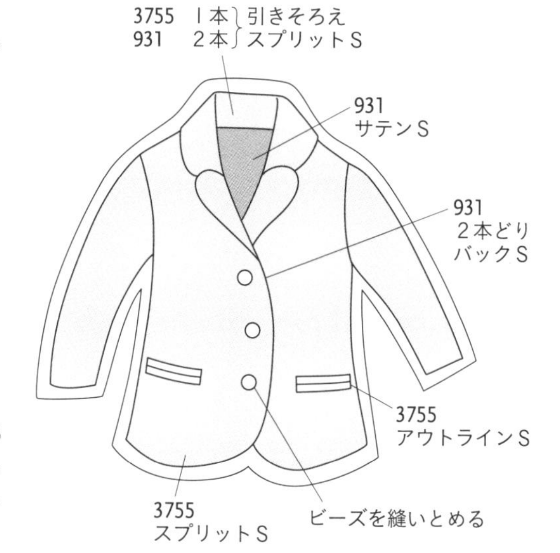

ハリネズミ

PAGE 15

⋆図案 実物大

⋆材料(3匹共通)

DMC刺しゅう糸

25番＝822、3782、844

布地　中厚手コットンサテン(白)

　　20×20cm

接着芯　20×20cm

速乾性接着剤(水性タイプ)

◆3匹とも同じ刺し方で刺す。刺し終わったら仕上げアイロンのあとで粗裁ちをして、周囲に接着剤を薄く塗り、乾いたら図案どおりにカットする

キツネ

PAGE 34

⋆図案　実物大

⋆材料

DMC刺しゅう糸

25番＝3828、420、822、535

布地　中厚手コットンサテン(白)

　　25×30cm

接着芯　25×30cm

速乾性接着剤(水性タイプ)

◆刺し終わったら仕上げアイロンのあとで粗裁ちをして周囲に接着剤を薄く塗り、乾いたら図案どおりにカットする

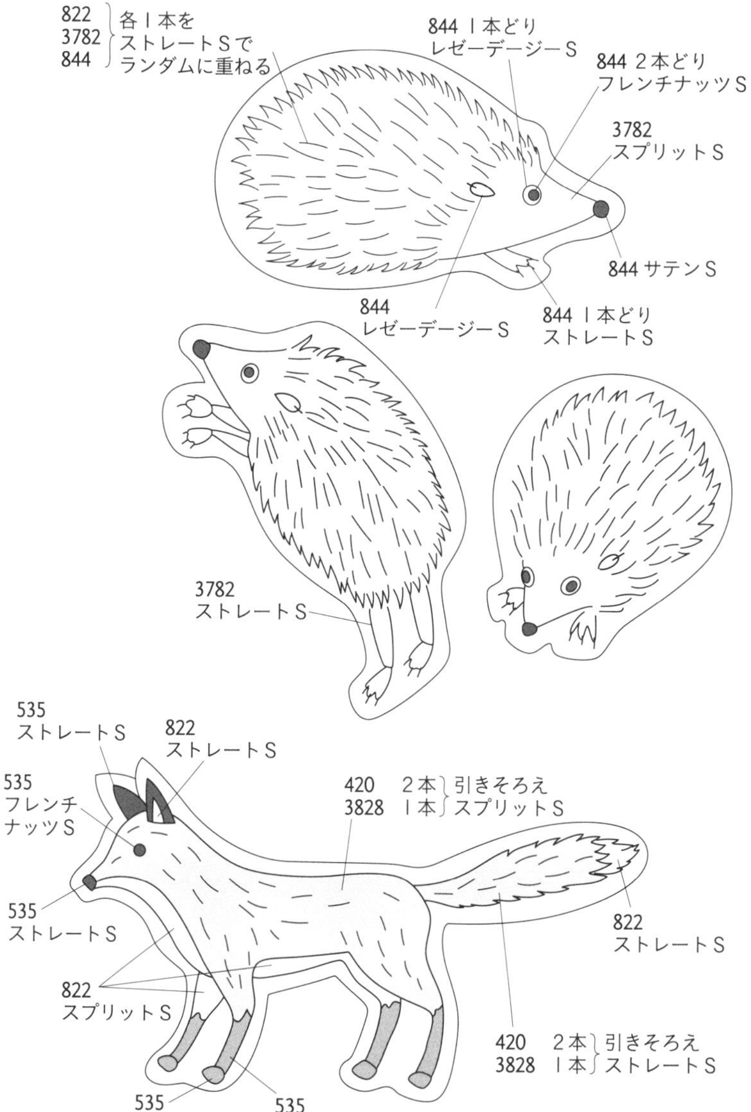

王冠、ヒツジ、ウサギ、カモメ

PAGE 1、46、47、48

⋆図案 実物大

⋆**材料**(刺しゅう糸以外は4点共通)
DMC刺しゅう糸
王 冠…25番＝729、ECRU、844
ヒツジ…25番＝ECRU、3782、758、844
ウサギ…25番＝3828、420、ECRU、844
カモメ…25番＝ECRU、729、318、413
布地 中厚手コットンサテン(白) 20×20cm
接着芯 20×20cm
速乾性接着剤(水性タイプ)
◆刺し終わったら仕上げアイロンのあとで粗裁ちをして周囲に接着剤を薄く塗り、乾いたら図案どおりにカットする

数字の旗

PAGE 48

⋆図案 実物大

⋆**材料**
DMC刺しゅう糸
25番＝844、ECRU
布地 リネン(無地、チェックなど数種類) 適量
接着芯 適量
速乾性接着剤(水性タイプ)
つまようじ
麻ひも
◆刺し終わったら粗裁ちをする。ひも通し部分につまようじをのせて接着剤ではり合わせ、乾いたらつまようじを抜いてサイズどおりにカットする。麻ひもを通す

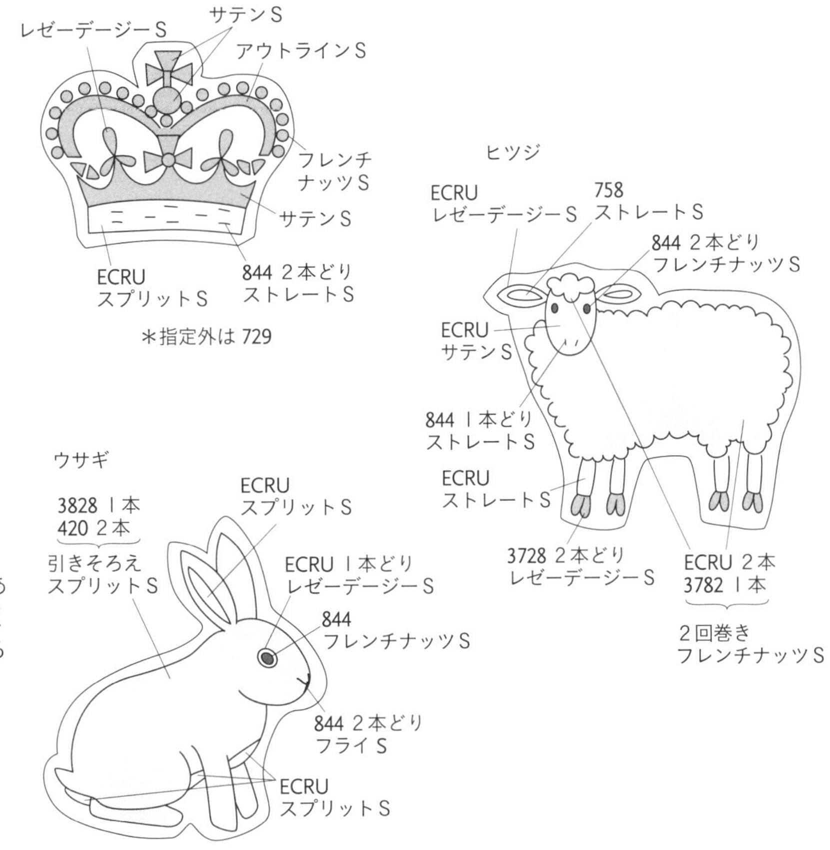

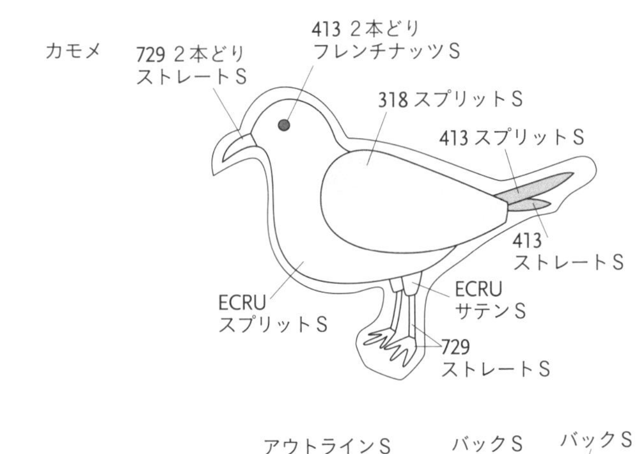

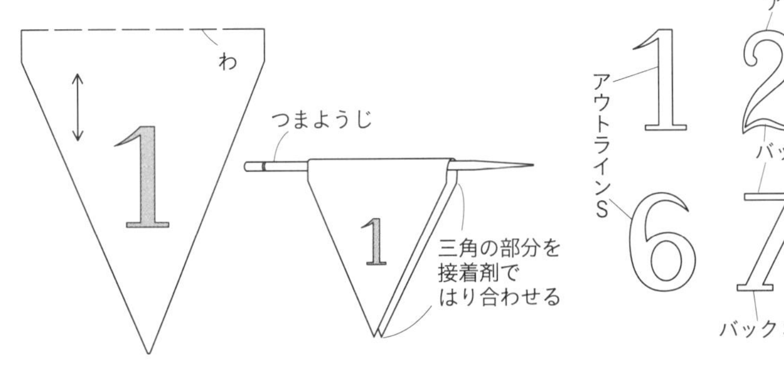

イギリスの地図

PAGE 1、44

★図案 実物大

★**材料**

DMC刺しゅう糸

25番＝3347、907

透明糸

布地　中厚手コットンサテン（白）
　　　40×30cm
　　　ポリエステルチュール
　　　（グリーンむら染め）　適量

接着芯　40×30cm

速乾性接着剤（水性タイプ）

◆刺しゅうをする部分全体に楕円形にカットしたチュールをずらして重ね、透明糸で目立たないようにとめつける

◆刺し終わったら仕上げアイロンのあとで粗裁ちをして周囲の裏側に接着剤を薄く塗り、乾いたら図案どおりにカットする

ホビーラホビーレ　ショップリスト

この本の作品の一部はホビーラホビーレの布地を使って製作しています。
p.4「コテージガーデン」の材料キットのほかにも「青木和子さんコレクション」のお取り扱いがございます。
詳細はお近くのショップにお問い合わせください。

●東北

盛岡川徳ホビーラホビーレ　019-622-6155

ホビーラホビーレ仙台アエル店　022-262-4550

●関東

柏髙島屋ホビーラホビーレ　04-7148-2166

そごう千葉店ホビーラホビーレ　043-245-2004

東武百貨店船橋店ホビーラホビーレ　047-425-2211

伊勢丹浦和店ホビーラホビーレ　048-834-3165

そごう大宮店ホビーラホビーレ　048-783-3078

ホビーラホビーレ自由が丘店　03-6421-2309

ホビーラホビーレ銀座店　03-6274-6526

日本橋髙島屋ホビーラホビーレ　03-3271-4564

京王百貨店新宿店ホビーラホビーレ　03-3342-2111

西武池袋本店ホビーラホビーレ　03-6912-7319

伊勢丹立川店ホビーラホビーレ　042-525-2671

小田急百貨店町田店ホビーラホビーレ　042-732-3125

ホビーラホビーレ横浜ロフト店　045-465-2759

横浜髙島屋ホビーラホビーレ　045-313-4472

ホビーラホビーレたまプラーザ店　045-903-2054

●甲信越

新潟伊勢丹ホビーラホビーレ　025-241-6062

●東海

静岡伊勢丹ホビーラホビーレ　054-251-7897

ジェイアール名古屋タカシマヤホビーラホビーレ　052-566-8472

松坂屋名古屋店ホビーラホビーレ　052-264-2785

●北陸

香林坊大和ホビーラホビーレ　076-220-1295

富山大和ホビーラホビーレ　076-424-1111

●関西

阪急うめだ本店ホビーラホビーレ　06-6361-1381

大阪髙島屋ホビーラホビーレ　06-6631-1101

近鉄あべのハルカス店ホビーラホビーレ　06-6629-3770

ホビーラホビーレ阪急西宮ガーデンズ店　0798-64-1248

京都髙島屋ホビーラホビーレ　075-221-8811

●中国

天満屋岡山本店ホビーラホビーレ　086-225-5329

そごう広島店ホビーラホビーレ　082-511-7688

福屋広島駅前店ホビーラホビーレ　082-568-3640

●九州

ホビーラホビーレJR博多シティ店　092-413-5070

福岡岩田屋ホビーラホビーレ　092-723-0350

⋆2021年9月現在のもので、変更される場合がございます。

株式会社ホビーラホビーレ
〒140-0011　東京都品川区東大井5-23-37　tel.0570-037-030（代表）　https://www.hobbyra-hobbyre.com

参考文献
『FIELD GUIDE TO THE BIRDS OF BRITAIN』 READER'S DIGEST
『FIELD GUIDE TO THE ANIMALS OF BRITAIN』 READER'S DIGEST
『MERCHANT & MILLS SEWING BOOK』 Carolyn N. K. Denham 著 COLLIN & BROWN
『ビアトリクス・ポターを訪ねるイギリス湖水地方の旅』 北野佐久子 著 大修館書店
『ピーターラビットの田園から』 日本放送出版協会

Special thanks
Armitt Library and Museum
Carolyn N. K. Denham (MERCHANT & MILLS)
Helen Otto
佐々木ひとみ http://drawerhome.jp
カースティ 祖父江
金田千恵子(ホビーラホビーレ)

取材協力 ホビーラホビーレ
東京都品川区東大井5-23-37 tel. 0570-037-030(代表)

刺しゅう糸提供 ディー・エム・シー
東京都千代田区神田紺屋町13 山東ビル7F tel. 03-5296-7831
http://www.dmc-kk.com

AD & ブックデザイン 若山嘉代子 若山美樹 L'espace
撮影 石井宏明
旅の撮影 青木和子
(p.12=National Trust、p.32=佐々木ひとみ)
トレース day studio ダイラクサトミ
小物の作り方解説 山村範子
校閲 堀口惠美子
編集協力 望月いづみ
編集 大沢洋子(文化出版局)

青木和子 旅の刺しゅう 3
コッツウォルズと湖水地方を訪ねて

2015年 3月22日 第1刷発行
2021年 9月30日 第2刷発行

著 者 青木和子
発行者 濱田勝宏
発行所 学校法人文化学園 文化出版局
〒151-8524
東京都渋谷区代々木3-22-1
電話 03-3299-2489(編集)
03-3299-2540(営業)
印刷・製本所 株式会社文化カラー印刷

文化出版局のホームページ http://books.bunka.ac.jp/

好評既刊

青木和子 旅の刺しゅう
野原に会いにイギリスへ

イギリスの野原を訪ねる旅は、ワイルドフラワーの咲くメドウ(草原)、あこがれの庭、フラワーマーケット、街の中の花にも出会う旅でした。心に残る野原の風景や花のにぎわいを刺しゅうに。

青木和子 旅の刺しゅう2
赤毛のアンの島

豊かな想像力で、数多くの幸せと事件を引き起こしたアンの物語に描かれた花は、今でも咲いているのかしら……と、カナダのプリンス・エドワード島へ。
植物、動物、建物、風景などを刺しゅう。

青木和子の刺しゅう
北欧ノート

スウェーデンでテキスタイルを学んでいた頃の記憶と、北欧のものにかこまれている現在の暮らしを刺しゅうに。フィーカ(お茶の時間)を楽しみつつキッチン道具や季節のシーン、色のレッスンも。

青木和子の刺しゅう
庭の花図鑑

著者が庭で育てているお気に入りの花たち。その中から63種を選び、図鑑のように一つの植物の花、つぼみ、葉、茎、根、球根などを観察してスケッチし、フリーステッチで表現しました。

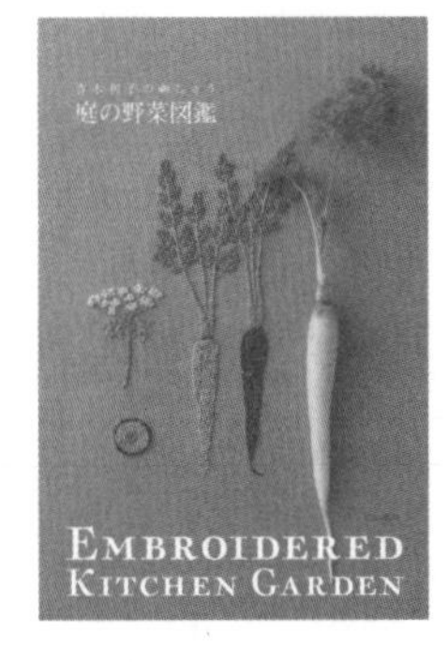

青木和子の刺しゅう
庭の野菜図鑑

『庭の花図鑑』に続き、庭の畑で作れる野菜を刺しゅうで表現した一冊。トマトやニンジン、カボチャなどの野菜、ハーブ、果樹、エディブルフラワー(食用花)と道具類、小さな生き物たちも登場。

青木和子の刺しゅう
散歩の手帖

たんぽぽの咲くころ、土手沿いを歩く、雨の日、ひまわりの隊列、公園の隅、夏のちょう、色づく木の葉、運河の向こう側、バードウォッチング…手帖を片手に花咲く道を散歩して生まれた刺しゅう。

青木和子
刺しゅうのレシピ A to Z

アルファベット26文字のモチーフを、こだわって一文字ごとに並べた刺しゅうの世界。ワンポイントで使ったり、ページをそのまま刺しゅうして額装したり。花や野菜、動物、食べ物なども満載。

青木和子
クロスステッチ A to Z

アルファベット26文字のモチーフをクロスステッチで。すごく小さいもの、うんと広いもの、おいしいもの、少し痛いもの……などコンパクトな1冊に187の図案が満載。テクニックのポイントも。

青木和子
季節の刺しゅう SEASONS

四季のいろいろなシーンを刺しゅうで描きます。フリーステッチとクロスステッチで、カレンダーや季節のお便りにも使えるデザインや、ワンポイントで使ってもかわいい図案がいろいろ。

1 2 3 4 5